ENTIÈREMENT RÉVISÉ ET MIS À JOU...

LE GRAND LIVRE DE
Bébé gourmand

PUBLIÉ CHEZ GUY SAINT-JEAN ÉDITEUR :

Le grand livre de Bébé végé

Être parent dans un monde de fous

Pas à Pas : Les enfants de 1 à 3 ans

Pas à Pas : Les enfants de 3 à 5 ans

Pas à Pas : Les enfants de 6 à 8 ans

Pas à Pas : Les enfants de 9 à 12 ans

Votre grossesse après 30 ans

ANNABEL KARMEL

LE GRAND LIVRE DE
Bébé gourmand

Plus de 200 recettes faciles, rapides et nutritives

Illustrations de Nadine Wickenden

Traduit par Élisa-Line Montigny
et Madeleine Hébert

Guy Saint-Jean
ÉDITEUR

Je dédie ce livre à mes enfants, Nicholas et Lara,
et à la mémoire de ma fille aînée, Natasha.

Publié originalement en 1991 et réédité en 2004 par Ebury Press, une marque de Random House UK Ltd.
Texte © Annabel Karmel, 1991, 1998, 2001, 2004
© pour l'édition en langue anglaise ayant servi à cette traduction Eddison Sadd Editions 2004
(publié originalement sous le titre *New Complete Baby and Toddler Meal Planner*)
© pour l'édition en langue française Guy Saint-Jean Éditeur 1997, 2006
Conception de la couverture : Jennifer Lew
Illustrations de la couverture : Nadine Wickenden
Photographie de l'auteure : Harry Ormesher
Traduction : Élisa-Line Montigny et Madeleine Hébert
Révision : Jeanne Lacroix
Infographie : Christiane Séguin

Catalogage avant publication de Bibliothèques et Archives Canada
Karmel, Annabel
Le grand livre de bébé gourmand
2e éd.
Traduction de : The complete baby and toddler meal planner.
Comprend un index.
ISBN 2-89455-200-9
1. Cuisine (Aliments pour nourrissons). 2. Nourrisons - Alimentation.
3. Enfants - Alimentation. I. Titre. II : Le grand livre de bébé bouffe.
TX361.C5K3714 2006   641.5'6222   C2005-942015-4

Nous reconnaissons l'aide financière du gouvernement du Canada
par l'entremise du Programme d'Aide au Développement de l'Industrie
de l'Édition (PADIÉ) ainsi que celle de la SODEC pour nos activités d'édition.
Gouvernement du Québec — Programme de crédit d'impôt pour
l'édition de livres — Gestion SODEC

Dépôt légal 1er trimestre 2006
Bibliothèques nationales du Québec et du Canada
ISBN 2-89455-200-9

DISTRIBUTION ET DIFFUSION
Amérique : Prologue
France : CDE/Sodis
Belgique : Diffusion Vander S.A.
Suisse : Transat S.A.

GUY SAINT-JEAN ÉDITEUR INC.
3154, boul. Industriel, Laval (Québec) Canada. H7L 4P7.
(450) 663-1777. Courriel : saint-jean.editeur@qc.aira.com
Web : www.saint-jeanediteur.com

GUY SAINT-JEAN ÉDITEUR FRANCE
48, rue des Ponts, 78290 Croissy-sur-Seine, France.
(1) 39.76.99.43. Courriel : gsj.editeur@free.fr

Imprimé à Singapour

TABLE DES MATIÈRES

INTRODUCTION
6

CHAPITRE UN
LES MEILLEURS PREMIERS ALIMENTS
8

CHAPITRE DEUX
LA PREMIÈRE ÉTAPE DU SEVRAGE
20

CHAPITRE TROIS
LA DEUXIÈME ÉTAPE DU SEVRAGE
42

CHAPITRE QUATRE
DE NEUF À DOUZE MOIS
72

CHAPITRE CINQ
APRÈS UN AN
114

INDEX
190

REMERCIEMENTS
192

INTRODUCTION

Comme toute nouvelle mère désireuse de bien faire, je voulais offrir ce qu'il y a de mieux à mes bébés. J'adore également bien manger et cuisiner ; je souhaitais donc qu'ils apprécient toutes les différentes saveurs et arômes des aliments frais. Avec de la jugeote, des recherches exhaustives, deux bébés coopératifs et un mari tolérant, je savais que je pouvais créer de délicieuses recettes. Rapides et faciles à préparer, ces recettes seraient meilleures pour les bébés et les bambins que les poudres et les purées du commerce insipides, enrichies de vitamines et de fer, dont la durée de conservation dépasse deux ans.

Une mauvaise alimentation peut entraîner des problèmes chez nos enfants leur vie durant. Une étude scientifique récente a révélé que les deux tiers des cancers sont liés au type d'aliments que les gens consomment. Le décès prématuré de mon premier enfant, Natasha, à l'âge de treize semaines a été l'élément déclencheur de la rédaction du présent ouvrage, qui est devenu un guide précieux et pratique pour des parents partout dans le monde.

Les batailles autour de la table ne comptent vraiment pas parmi les grandes joies d'être parent. La mère qui n'a jamais dû faire face à la volonté de fer d'un enfant qui refuse de manger peut se compter chanceuse. Je suis mère de trois enfants et le plaisir que j'éprouve à les voir aimer les repas que je leur prépare est une expérience exceptionnelle. Je suis rassurée à l'idée qu'ils consomment des aliments frais plutôt que des aliments tout préparés et surtraités.

Au moment de la vie de nos enfants où les aliments jouent un rôle primordial dans leur santé, pourquoi la plupart de leurs repas devraient-ils provenir de pots et de conserves ? Confectionner sa propre purée pour bébés n'a rien de mystérieux et il n'y a rien de mieux pour eux que des purées maison faites à partir d'ingrédients de bonne qualité, frais et naturels. Ne vous laissez pas berner par la liste exhaustive d'information nutritionnelle sur les étiquettes des aliments pour bébés du commerce — les vôtres contiendront tout autant de bonnes choses, l'amidon en moins (souvent sous forme de maltodextrine, une substance qui sert de colle sur les enveloppes et les timbres !).

En plus de goûter comme de vrais aliments, les purées maison sont beaucoup moins coûteuses. Même les mamans occupées qui ont un emploi peuvent aider leur bébé à partir du bon pied étant donné que des aliments tels que bananes, avocats et papayes pilés s'avèrent d'excellentes purées sans cuisson. Vous pouvez planifier le menu de votre bébé et, en deux heures seulement, préparer une réserve de purées pour un mois complet en congelant les portions supplémentaires dans des bacs à glaçons. Vous pouvez également transformer plusieurs purées pour bébés en de délicieuses soupes pour les autres membres de votre famille en leur ajoutant du bouillon et des assaisonnements, et plusieurs repas tels qu'une casserole de poulet et de légumes peuvent convenir à bébé si vous en mettez une portion de côté que vous ferez cuire sans sel ni épices.

C'est au cours de la petite enfance que les habitudes alimentaires et les préférences (bonnes ou mauvaises) s'installent pour la vie. Donc, en donnant à votre enfant une grande variété de saveurs fraîches et stimulantes, vous l'aidez à établir des habitudes alimentaires saines. Les purées de carottes du commerce goûtent toujours la même chose. Cependant, comme le goût des purées maison varie, les bébés s'habituent aux variations naturelles de la saveur des repas maison, ce qui les aide à mieux s'adapter aux repas de la famille pendant qu'ils grandissent.

Les bébés croissent plus rapidement pendant leur première année de vie qu'à tout autre moment de leur existence. Les enfants ont besoin de calories pour grandir ainsi que d'une quantité suffisante de protéines, de vitamines et de minéraux qu'une alimentation saine et variée peut leur offrir. Bien qu'une diète faible en gras et riche en fibres soit valable pour les adultes, elle ne convient pas aux enfants en bas âge. Résistez à la tentation d'ajouter du sel ou du sucre aux aliments de votre bébé pendant la première année. Le sel peut nuire aux reins de votre bébé, tandis que le sucre ne fera que l'encourager à avoir un faible pour les sucreries; n'ajoutez du sucre que lorsque c'est absolument nécessaire.

S'il existe des règles (qu'on peut parfois enfreindre), les voici:

- aliments frais
- faible teneur en gras animal
- faible quantité de sucre
- pas d'ajout de sel avant un an.

Avoir un bébé à la maison est l'occasion de revoir les règles alimentaires de toute la famille. Certaines des recettes du présent livre sont tellement bonnes que je les sers même à mes invités! L'alimentation des bébés pendant leur première année de vie a probablement plus d'influence qu'à tout autre moment de leur existence. Raison de plus pour qu'ils aient une alimentation équilibrée dès le départ. Lorsque votre enfant choisit des fruits et des légumes crus (que les adultes croient qu'il déteste…) au lieu de sucreries ou de bonbons, vous pouvez crier victoire.

Bonne chance. Je vous souhaite à vous et votre enfant de nombreux repas joyeux ensemble!

CHAPITRE UN

LES MEILLEURS PREMIERS ALIMENTS

Tous les spécialistes et organismes de santé publique recommandent l'allaitement maternel exclusif jusqu'à l'âge de six mois — cela devrait combler tous les besoins nutritionnels de votre nourrisson. La plupart des bébés ne devraient pas consommer d'aliments solides avant l'âge de six mois, mais si vous croyez que le vôtre en a besoin, parlez-en à votre médecin. Voici quelques signes indiquant que votre bébé est peut-être prêt à consommer des aliments solides : il a encore faim après avoir bu, il a besoin d'être allaité plus souvent, il se réveille la nuit pour un boire qu'il ne réclamait pas les nuits précédentes. Il n'y a pas d'âge précis d'introduction des aliments solides ; chaque bébé est différent. Or, il importe de ne pas le sevrer trop tôt (pas avant dix-sept semaines) compte tenu du fait que son système digestif continue de se développer dans ses premiers mois d'existence et que les protéines étrangères peuvent augmenter ses risques d'allergies alimentaires dans l'avenir.

LE LAIT : TOUJOURS L'ALIMENT ESSENTIEL

Lorsque vous introduisez les aliments solides à l'alimentation de votre enfant, il est important de ne pas oublier que le lait demeure le meilleur aliment naturel pour les bébés en croissance. J'encourage les mères à allaiter leur enfant. Mis à part les bienfaits émotifs de l'allaitement, le lait maternel comporte des anticorps qui aident à protéger les enfants des infections. Les bébés sont tout particulièrement vulnérables aux infections dans les premiers mois de leur vie, et le colostrum que la mère sécrète pendant les premiers jours de l'allaitement constitue une source très importante d'anticorps qui aident à bâtir le système immunitaire de bébé. L'allaitement, ne serait-ce que pendant une seule semaine, présente une multitude d'avantages. Il a été démontré médicalement que les enfants qui ont été allaités sont moins sujets à développer certaines maladies au cours de leur vie.

Le lait devrait contenir tous les éléments nutritifs nécessaires à la croissance de votre bébé. Une quantité de 125 ml (4 oz) de lait comporte 65 calories, et le lait maternisé est enrichi de vitamines et de fer. Le lait de vache n'est pas un aliment aussi «complet» pour les bébés humains ; il est donc préférable d'attendre que votre bébé ait atteint l'âge d'un an avant de lui en servir. Les aliments solides sont ajoutés à l'alimentation de bébé dans le but d'y ajouter du volume et afin de lui présenter de nouveaux goûts, de nouvelles textures, de nouveaux arômes ; ils l'aident aussi à faire usage des muscles de sa bouche. Or, donner trop tôt de grandes quantités d'aliments solides à un bébé peut entraîner de la constipation et lui fournir moins d'éléments nutritifs que ce dont il a besoin. Il serait très difficile pour un bébé d'obtenir autant d'éléments nutritifs de petites quantités d'aliments solides qu'il en obtient du lait.

Évitez d'utiliser de l'eau adoucie ou de l'eau bouillie à plusieurs reprises pour préparer les biberons de bébé : elles risquent d'avoir une teneur élevée en sels minéraux. Les biberons ne devraient pas être réchauffés au micro-ondes qui peut surchauffer le lait même si la bouteille n'est pas chaude au toucher. Faites chauffer les biberons en les déposant dans de l'eau chaude.

Entre quatre et six mois, les bébés devraient ingurgiter de 650 à 875 ml (21 à 28 oz) de lait maternel ou maternisé par jour. Environ 650 ml (21 oz) par jour entre six mois et un an suffisent lorsqu'ils commencent à consommer des aliments solides, mais sont insuffisants entre l'âge de quatre et six mois s'ils ne consomment pas d'aliments solides. Il importe de veiller à ce que, jusqu'à l'âge de huit mois, votre bébé boive du lait au moins quatre fois par jour (surtout qu'il est fort probable qu'il ne boive pas tout le contenu de sa bouteille à chaque boire). Si le nombre de boires est réduit trop rapidement, votre bébé sera incapable de boire autant qu'il en a besoin. Certaines mères font l'erreur de donner des aliments solides à leur bébé lorsqu'il a faim alors qu'il a plutôt besoin de plus de lait.

Les bébés devraient être nourris au sein ou au lait maternisé pendant toute leur première année de vie. Les laits de vache, de chèvre ou de brebis ne conviennent pas comme boisson principale de votre bébé compte tenu du fait qu'ils ne contiennent pas suffisamment de fer et autres éléments nutritifs nécessaires à une croissance normale. Le lait de vache entier peut cependant servir à la cuisson ou dans des céréales durant la période de sevrage. Les produits laitiers comme le yogourt et le fromage, fort appréciés habituellement par les bébés, peuvent être introduits une fois que ces derniers auront goûté et accepté leurs premiers fruits et légumes. Optez pour des produits entiers plutôt que des produits réduits en gras : les bébés ont besoin de ce type de calories pour grandir.

FRAIS C'EST MIEUX ET BIEN MEILLEUR

Les aliments frais goûtent, sentent et ont meilleure apparence que les purées en pots pour bébés du commerce. Il est évident aussi que, lorsqu'ils sont préparés correctement, ils sont meilleurs pour votre bébé (et vous). Les aliments pour bébés du commerce perdent une partie de leur valeur nutritive, surtout les vitamines, pendant le processus de transformation. Les aliments maison ont un goût très différent des aliments pour bébé préparés. Je crois que votre enfant sera moins capricieux et saura s'intégrer plus facilement aux repas de la famille s'il est habitué à une vaste gamme de goûts frais et de textures en bas âge.

FRUITS ET LÉGUMES BIOLOGIQUES

La production des fruits et des légumes biologiques se fait sans produits chimiques tels que pesticides et engrais. Il n'existe pas, à l'heure actuelle, de preuves scientifiques que des niveaux de pesticides dans les aliments courants soient nuisibles pour les bébés et les enfants, mais certaines mères préfèrent ne pas prendre de risques. Le choix écologique est plus coûteux ; à vous de décider si le prix plus élevé en vaut la chandelle.

LES ALIMENTS GÉNÉTIQUEMENT MODIFIÉS

La modification génétique est un processus de transfert de gènes entre espèces différentes. Par exemple, la résistance au gel ou aux dommages causés par certains insectes pourrait être transférée d'une plante à une autre. Des recherches plus poussées doivent être effectuées afin de nous permettre d'établir si la modification génétique peut améliorer ou non la qualité et la disponibilité des produits agricoles ou si le coût pour l'humain et l'environnement dépasse les avantages.

BESOINS NUTRITIONNELS
Protéines

Il nous faut des protéines pour assurer la croissance et le maintien de notre corps; toute protéine en trop peut servir à fournir de l'énergie (ou se transformer en tissu adipeux). Les protéines sont faites de différents acides aminés. Certains aliments (viande, poisson, fèves de soja et des produits laitiers dont le fromage) contiennent tous les acides aminés essentiels à notre corps. D'autres aliments (céréales, légumineuses, noix et graines) sont des sources précieuses de protéines, mais ne contiennent pas tous les acides aminés.

Glucides

Les glucides et les gras sont les sources principales d'énergie de notre corps. Il existe deux types de glucides: les sucres et les féculents (qui, sous forme complexe, sont une source de fibres). Chacun des deux types se divise en deux catégories: les naturels et les raffinés. Dans les deux cas, c'est sous leur forme naturelle que les glucides représentent un choix plus sain.

Lipides (gras)

Les gras constituent la plus importante source d'énergie, et les bébés doivent consommer, propor-

SUCRES	
Naturels	Fruits et jus de fruits Légumes et jus de légumes
Raffinés	Sucres et miel Boissons gazeuses Gelées sucrées Confitures et autres conserves Gâteaux et biscuits

FÉCULENTS	
Naturels	Céréales, farines, pâtes alimentaires et pains à grains entiers (complets) pour le petit déjeuner Riz brun Pommes de terre Légumineuses, pois et lentilles Bananes et plusieurs autres fruits et légumes
Raffinés	Céréales transformées pour le petit déjeuner (c.-à-d. flocons enrobés de sucre) Farine, pâtes alimentaires et pains blancs Riz blanc Biscuits et gâteaux sucrés

tionnellement, davantage de gras que les adultes. Les aliments à teneur énergétique élevée tels le fromage, la viande et les œufs sont nécessaires pour une croissance et un développement rapides. Plus de 50 p. cent de l'énergie du lait maternel provient du gras. Les aliments qui contiennent du gras comportent également les vitamines hydrosolubles A, D, E et K, qui sont importantes pour le développement sain de votre bébé. Le problème survient lorsque les gens consomment de trop grandes quantités de mauvais gras.

Il existe deux types de gras : saturé (solide à température ambiante), principalement de source animale et de gras solidifiés artificiellement que l'on trouve dans les gâteaux, les biscuits et les margarines; et insaturé (liquide à température ambiante), de source végétale. Ce sont les graisses saturées qui sont les plus dommageables et peuvent entraîner des niveaux de cholestérol élevés et des maladies coronariennes plus tard dans la vie.

Il est important de donner à votre bébé du lait entier pendant au moins les deux premières années, mais limitez l'usage de gras en cuisson et utilisez le beurre et la margarine avec modération. Efforcez-vous de réduire la présence de gras saturés dans l'alimentation de votre enfant en réduisant sa consommation de viandes grasses telles que les viandes hachées et les saucisses, et en les remplaçant par des viandes rouges maigres, du poulet et des poissons gras.

Les acides gras essentiels (AGE) sont importants pour le cerveau de votre bébé et son développement oculaire. Il existe deux types d'AGE : les oméga-3 provenant d'huiles de graines, soit graines de tournesol, de carthame et de maïs; et les oméga-6 présents dans les poissons gras tels que le saumon, la truite, les sardines et le thon frais. Notre alimentation comporte généralement suffisamment d'oméga-3 mais est souvent déficiente en oméga-6. Il importe de bénéficier du bon équilibre des deux types d'AGE, surtout pendant les premières années de vie.

Vitamines

La plupart des bébés qui consomment des aliments frais en quantités suffisantes et qui boivent du lait maternisé jusqu'à l'âge d'un an n'ont probablement pas besoin d'un supplément vitaminique. Or,

plusieurs pédiatres recommandent un supplément de vitamine D quotidien pour les bébés allaités. Si votre bébé n'est pas nourri au sein, mais boit moins de 565 ml (18 oz) de lait maternisé par jour, un supplément vitaminique pourrait être une bonne idée entre l'âge de six mois et deux ans. Demandez l'avis de votre médecin.

Les enfants qui suivent un régime végétalien devraient consommer au moins 650 ml (21 oz) de lait de soja vitaminé pour enfants jusqu'à l'âge de deux ans; dans ce cas, ils n'ont pas besoin de supplément vitaminique. Ce sont surtout les enfants âgés de six mois à deux ans qui ne boivent pas 565 ml (18 oz) de lait vitaminé ou de lait maternisé au soja quotidiennement qui risquent d'avoir des carences en vitamines A et D.

Les vitamines sont essentielles pour le développement adéquat du cerveau et du système nerveux. Une alimentation équilibrée devrait suffire à fournir tous les éléments nutritifs dont votre enfant a besoin (un excès de vitamines peut être potentiellement dommageable). Or, les enfants capricieux pourraient bénéficier d'une multivitamine conçue tout spécialement pour les enfants.

Il y a deux types de vitamines : hydrosolubles (C et B complexes) et liposolubles (A, D, E et K). Les vitamines hydrosolubles ne peuvent être stockées par le corps — les aliments qui en contiennent devraient donc être consommés quotidiennement. Elles peuvent facilement être détruites par une cuisson excessive, surtout lorsque les fruits et les légumes sont cuits dans de l'eau bouillante. La meilleure façon de préserver ces vitamines est de consommer les aliments crus ou légèrement cuits (à la vapeur, par exemple).

Aliments à risque élevé

Un nombre sans cesse grandissant d'enfants développent une allergie aux graines de sésame; évitez

VITAMINE A

Essentielle à la croissance, pour une peau en santé, l'émail des dents et une bonne acuité visuelle.

Foie

Poissons gras

Carottes

Légumes feuillus vert foncé (ex. : brocoli)

Patates douces

Courges

Tomates

Abricots et mangues

VITAMINE B COMPLEXE

Essentielle à la croissance, à la transformation d'aliments en énergie, au maintien d'un système nerveux en santé et pour aider la digestion. Le groupe de vitamines B comprend un nombre important de vitamines. Certaines se trouvent dans plusieurs aliments, mais, à l'exception du foie et des extraits de levure, aucun autre aliment ne les contient toutes.

Viande

Sardines

Produits laitiers et œufs

Céréales de blé entier

Légumes vert foncé

Extrait de levure

Noix

Légumineuses

Bananes

VITAMINE C

Nécessaire à la croissance, aux tissus sains et à la cicatrisation; contribue à l'absorption du fer.

Les légumes tels brocoli, poivron, pomme de terre, épinards, chou-fleur.

Les fruits tels fruits citrins, bleuets, melon, papaye, fraises, kiwi.

VITAMINE D

Essentielle à la formation adéquate des os, fonctionne conjointement avec le calcium. Présente dans peu d'aliments, mais fabriquée par la peau exposée au soleil.

Poissons gras

Œufs

Margarine

Produits laitiers

VITAMINE E

Importante pour la composition de la structure cellulaire. Aide le corps à créer et à maintenir les globules rouges.

Huiles végétales

Avocats

Germe de blé

Noix et graines

CALCIUM

Nécessaire pour des os solides, de bonnes dents et la croissance.

Produits laitiers

Poissons en conserve avec arêtes

(les sardines, par exemple)

Fruits séchés

Pain blanc

Légumes feuillus vert foncé et légumineuses

FER

Nécessaire pour la santé du sang et des muscles. Les carences en fer sont probablement les plus courantes et font que votre enfant se sentira fatigué et à plat. La viande rouge constitue la source de fer la plus accessible.

Viande rouge, le foie en particulier

Poissons gras et jaunes d'œufs

Fruits séchés (surtout les abricots)

Céréales de grains entiers (complètes)

et enrichies

Lentilles et légumineuses

Légumes feuillus verts

d'en donner aux bébés fortement atopiques avant qu'ils ne soient âgés d'au moins neuf mois. Les baies et les fruits citrins peuvent entraîner une réaction, mais sont rarement une source d'allergie réelle. Les allergies alimentaires courantes peuvent causer des nausées, des vomissements, de la diarrhée, de l'eczéma, le rhume des foins, des érythèmes et l'enflure des yeux, des lèvres et du visage. Voilà pourquoi il est déconseillé de donner des aliments solides à votre bébé trop hâtivement.

ALIMENTS À RISQUE ÉLEVÉ D'ALLERGIE

Lait de vache et produits laitiers
Noix et graines
Œufs
Produits à base de blé
Poisson (surtout les fruits de mer)
Chocolat

Eau

L'humain peut survivre assez longtemps sans nourriture, mais seulement quelques jours sans eau. Les bébés perdent plus d'eau par leurs reins et leur peau que les adultes, et aussi lorsqu'ils vomissent ou ont la diarrhée. Il est donc vital qu'ils ne souffrent pas de déshydratation. Veillez à ce que votre bébé boive beaucoup de liquide ; de l'eau bouillie, rafraîchie est idéale les jours de chaleur — elle désaltère mieux que les boissons sucrées. Évitez les eaux minérales en bouteille à cause de leur teneur élevée en sels minéraux qui ne convient pas aux bébés.

Il n'est pas vraiment nécessaire de donner autre chose que du lait ou de l'eau à un bébé qui a soif. Les sirops de fruits, les boissons sucrées et les boissons aux herbes sucrées devraient être évités pour prévenir la carie dentaire. Ne vous méprenez pas sur le mot « dextrose » — c'est tout simplement un autre type de sucre.

Si votre bébé refuse de boire de l'eau, donnez-lui du jus non sucré pour bébés ou des jus de fruits à 100 %. Diluez-les tel qu'il est suggéré ou, dans le cas de jus frais, mélangez une partie de jus et trois parties d'eau.

AU SUJET DES ALLERGIES

Si dans vos antécédents familiaux, il y a des allergies alimentaires ou des maladies atopiques telles que fièvre des foins, asthme ou eczéma, votre bébé est davantage à risque de développer une allergie ; les aliments doivent donc être introduits avec beaucoup de précaution. S'il vous est possible d'allaiter votre bébé exclusivement pendant les six premiers mois, faites-le. Sinon, discutez avec votre médecin de la possibilité de lui donner un lait maternisé « hypoallergénique » à la place. Quant au sevrage, commencez avec des aliments peu allergènes comme le riz pour bébés, les légumes-racines, les pommes ou les poires. Les nouveaux aliments doivent être introduits un à la fois pendant deux ou trois jours. Ainsi, si une réaction survient, vous en connaîtrez la cause. Évitez les aliments à risque élevé d'allergie avant que votre bébé soit âgé de neuf à douze mois.

Ne vous inquiétez pas des allergies alimentaires potentielles à moins d'antécédents familiaux d'allergies ou d'atopies. L'incidence d'allergies alimentaires chez les bébés normaux est très faible et, compte tenu de la tendance à l'introduction plus tardive d'aliments solides, soit six mois, les allergies sont de moins en moins courantes. N'éliminez pas des aliments clés tels que le lait ou le blé de l'alimentation de votre enfant avant d'en parler à votre médecin. Bien qu'un grand nombre d'enfants n'aient plus d'allergies une fois qu'ils ont atteint deux ans, certaines allergies — surtout les sensibilités aux œufs, au lait, aux fruits de mer ou aux noix — peuvent durer toute la vie. Si votre enfant souffre d'une allergie, vous devriez en informer tout adulte appelé à lui donner à manger.

N'hésitez jamais à amener votre enfant chez le médecin si vous êtes inquiet. Le système immunitaire des bébés n'est pas entièrement développé et ils peuvent devenir malades très rapidement s'ils ne sont pas traités adéquatement.

Intolérance au lactose

L'intolérance au lactose n'est pas, en fait, une allergie, mais plutôt une incapacité à digérer le lactose — le sucre dans le lait — à cause de l'absence d'une enzyme de digestion. Si l'intolérance est héréditaire, votre enfant peut souffrir de nausées, de crampes, de ballonnements, de diarrhée et de flatulences, habituellement pendant 30 minutes après avoir consommé des produits laitiers ; il importe donc que son alimentation soit exempte de produits laitiers. Étant donné que le lactose est présent dans le lait maternel et le lait de vache, les bébés qui souffrent d'une intolérance au lactose devraient boire du lait de soja maternisé. Or, le lait de soja n'est pas recommandé pour les bébés de moins de six mois. Ces derniers devraient donc être nourris au lait maternisé à lactose réduit (parfois étiqueté « LF »).

L'intolérance au lactose est une complication rare d'une infection gastro-intestinale. Chez les enfants de plus d'un an, il est judicieux d'éliminer les produits laitiers de leur alimentation pendant quelques jours pour voir si cela fait une différence. Dans le cas des bébés de moins d'un an, poursuivez l'allaitement, mais si des boires supplémentaires sont nécessaires, discutez avec votre médecin ou votre pharmacien de la possibilité d'utiliser un lait maternisé à lactose réduit pendant une quinzaine de jours.

L'enfant qui souffre d'une intolérance au lactose à cause d'un manque de lactase dans son intestin en sera atteint toute sa vie.

Allergie à la protéine de lait de vache

Si vous croyez que votre bébé a une sensibilité au lait de vache, vous devriez en parler à votre médecin. Le lait maternel est le meilleur choix, mais la mère qui allaite doit limiter sa propre consommation de produits laitiers étant donné qu'ils peuvent être transférés à son bébé dans son lait. Si vous avez cessé d'allaiter, votre médecin vous recommandera probablement un lait maternisé considérablement hydrolysé (peu allergène) délivré sur ordonnance.

Cet état signifie qu'aucun produit laitier ne peut être toléré. La margarine végétale sans lait ou de soja peut remplacer le beurre. Il existe un grand nombre de yogourts et de desserts à base de soja (non laitiers) sur le marché, tandis que la caroube peut remplacer le chocolat au lait. Les bébés n'ont souvent plus cette allergie lorsqu'ils atteignent l'âge de deux ans, mais jusqu'à ce moment-là, il est très important de veiller à ce que votre enfant ait suffisamment de calcium dans son alimentation.

Œufs

À partir de six mois, les bébés peuvent consommer des œufs, en autant que le blanc et le jaune soient entièrement cuits. Les œufs mollets peuvent leur être donnés à partir d'un an.

Fruits

Certains enfants ont des réactions indésirables aux fruits citrins, aux baies et aux kiwis. Les jus de fruits d'églantier et de cassis, à cause de leur teneur élevée en vitamine C, sont de bonnes solutions de rechange au jus d'orange.

Miel

Le miel ne devrait pas être donné aux enfants avant l'âge de douze mois car il peut entraîner le botulisme infantile. Bien que la maladie ne se manifeste que très rarement, il est préférable de ne pas mettre le système digestif en développement du nourrisson à l'épreuve étant donné qu'il n'est pas armé pour se défendre contre la bactérie.

Noix

Les allergies aux noix provenant d'arbres, comme noix de Grenoble ou noisettes, sont rares. Les arachides et les produits dérivés d'arachides peuvent entraîner de fortes réactions allergiques — choc anaphylactique — qui peuvent constituer un danger de mort. Il est donc préférable de faire preuve de prudence. Dans les familles avec des antécédents allergiques de fièvre des foins, d'eczéma et d'asthme, il est conseillé d'éviter tous les produits contenant des arachides, incluant l'huile d'arachides, jusqu'à ce que l'enfant ait atteint l'âge de trois ans, et d'obtenir un avis médical avant de les introduire à son alimentation. Le beurre d'arachides et les noix moulues finement, cependant, peuvent être introduits à partir de six mois, en autant qu'il n'y ait pas d'antécédents familiaux.

Il importe de n'acheter que des aliments dont l'emballage est étiqueté «sans noix»; les produits

de boulangerie en vrac, les bonbons et les chocolats peuvent contenir des noix. Les enfants de moins de cinq ans ne devraient pas consommer de noix entières à cause du risque d'étouffement.

Gluten

Le gluten est présent dans le blé, le seigle, l'orge et l'avoine. Les aliments qui contiennent du gluten tels le pain ou les pâtes ne devraient pas être introduits dans l'alimentation du bébé avant qu'il ait atteint six mois.

Lorsque vous achetez des céréales pour bébés et des biscuits de dentition, optez pour les variétés sans gluten. Le riz pour bébé est le plus sûr au début et, ensuite, il existe plusieurs autres produits sans gluten tels que le soja, le maïs, le millet, les nouilles de riz et les spaghettis de sarrasin, et les farines de pomme de terre pour épaissir les sauces et pour la confection de pains et de pâtisseries.

Dans certains cas, l'intolérance au blé et aux protéines semblables est temporaire et peut disparaître avant que l'enfant n'atteigne l'âge de deux ou trois ans. Or, bien que ce soit rare, certaines personnes conservent une sensibilité permanente au gluten, la maladie cœliaque. Les symptômes incluent la perte d'appétit, une croissance freinée, un abdomen ballonné, des selles pâles particulièrement nauséabondes. La maladie cœliaque peut être diagnostiquée par un test sanguin et confirmée par un examen des parois de l'intestin à l'aide d'un endoscope.

LA PRÉPARATION DE PURÉES POUR BÉBÉS

La préparation et la cuisson d'aliments pour bébés ne sont pas difficiles, mais parce qu'il s'agit justement de bébés, l'hygiène, entre autres, est de la plus haute importance. Il faut toujours laver les fruits et les légumes soigneusement avant de les faire cuire.

Équipement

Vous possédez probablement la plupart des ustensiles nécessaires — pilons, râpes, passoires, etc. —, mais peut-être pas les outils suivants que je juge indispensables :

Moulin à légumes. Un petit moulin à manivelle manuel, ou presse-purée, accompagné de différents disques pour réduire en purée les aliments et retirer les pépins et les pelures qui peuvent être difficiles à digérer pour les bébés. Idéal pour les abricots séchés, le maïs et les haricots.

Mélangeur ou robot culinaire. Un appareil très utile pour réduire en purée de grandes quantités d'aliments. Or, les aliments à l'intention de bébé auront souvent besoin d'être filtrés à travers une passoire pour en éliminer les pépins et les pelures indigestes.

Étuveuse. Une étuveuse à plusieurs paniers constitue un bon achat en ce sens qu'elle vous permet de faire cuire différents types d'aliments en même temps. (Une passoire ou une marguerite disposée au-dessus d'une casserole munie d'un couvercle étanche est une alternative plus économique.)

Stérilisation

Au début, il est très important de bien stériliser les biberons, surtout les tétines que votre bébé mettra dans sa bouche, par n'importe quelle méthode éprouvée que vous choisirez. Le lait chaud est un milieu très propice à la prolifération de bactéries et, si les biberons ne sont pas suffisamment lavés et stérilisés, votre bébé peut devenir très malade. Il est impossible, cependant, de stériliser *tous* les outils dont vous vous servez pour cuisiner et réduire en purée les aliments de bébé, mais veillez à ce que tout soit très propre.

Si vous possédez un lave-vaisselle, servez-vous-en : la température de l'eau qui sert à laver la vaisselle est beaucoup plus élevée que celle de l'eau que vous utilisez pour laver les ustensiles à la main, ce qui contribue à stériliser votre vaisselle. Or, une fois qu'ils sont retirés du lave-vaisselle, les biberons ne restent pas stériles. Ils devraient être immédiatement remplis de lait et rangés au réfrigérateur. Asséchez les ustensiles à l'aide de papier absorbant au lieu d'un linge à vaisselle non stérilisé.

Tous les biberons doivent être stérilisés jusqu'à ce que votre bébé ait atteint l'âge d'un an, mais il s'avère inutile de stériliser les cuillers ou des contenants pour aliments au-delà de cet âge où votre bébé commence à se promener à quatre pattes et qu'il met tout ce qu'il voit dans sa bouche. Il n'est pas nécessaire de stériliser les autres pièces de vaisselle utilisées pour manger, mais veillez tout de même à laver les bols et les cuillers au lave-vaisselle ou à la main à environ 27 °C (80 °F) — vous devrez porter des gants de caoutchouc. Si vous vous servez d'un robot culinaire, il est recommandé d'en rincer les composants avec de l'eau bouillante car ils sont aussi des foyers de prolifération de bactéries.

Cuisson à la vapeur

Faites cuire à la vapeur les légumes ou les fruits jusqu'à ce qu'ils soient tendres ; c'est la meilleure façon d'en préserver les vitamines et la saveur. Les vitamines B et C sont hydrosolubles et peuvent facilement être détruites par une surcuisson, surtout lorsque les aliments sont cuits dans de l'eau bouillante. Le brocoli perd au-delà de 60 p. cent de ses antioxydants lorsqu'il est cuit dans de l'eau bouillante, mais moins de 7 p. cent lorsqu'il est cuit à la vapeur.

À l'eau bouillante

Pelez, épépinez, ou dénoyautez les légumes ou les fruits au besoin et coupez-les en morceaux. Servez-vous d'une quantité minimale d'eau et assurez-vous de ne pas les faire trop cuire. Pour obtenir une purée onctueuse, ajoutez une petite quantité d'eau de cuisson, ou de lait maternisé ou maternel, aux aliments.

Au micro-ondes

Disposez les légumes ou les fruits dans un plat approprié. Ajoutez-leur un peu d'eau, couvrez en laissant une ouverture, et faites cuire à intensité maximale jusqu'à ce qu'ils soient tendres (remuer à mi-cuisson). Réduisez en purée jusqu'à l'obtention de la consistance souhaitée. Assurez-vous qu'elle n'est pas trop chaude pour votre bébé et remuez-la bien pour répartir la chaleur.

Cuisson au four

Si vous préparez un repas au four pour la famille, profitez-en pour faire cuire une pomme de terre, une patate douce ou une courge musquée pour votre bébé. Piquez à la fourchette le légume et faites-le cuire jusqu'à ce qu'il soit tendre. Coupez-le en deux (retirez-en les graines), retirez-en la chair à la cuiller et pilez-la avec un peu d'eau ou de lait.

La congélation des aliments pour bébé

Préparer de petites quantités de purée peut s'avérer difficile. Il est de loin préférable de préparer de plus grandes quantités et de congeler les portions en trop dans des bacs à glaçons ou des petits pots. Ainsi, vous pourrez mieux planifier les repas de votre bébé et n'aurez à cuisiner qu'une ou deux fois par semaine.

Faites cuire et réduisez en purée les aliments, couvrez-les et faites-les refroidir le plus rapidement possible. Afin d'en préserver la qualité, il est très important que les aliments destinés à la congélation soient bien scellés pour éviter qu'ils ne dessèchent. Il est également préférable que les bacs soient remplis presque à ras bord pour éviter que des poches d'air ne se forment au-dessus de l'aliment. Les bacs doivent être placés dans un congélateur qui assurera la congélation des aliments à -18 °C (0 °F), ou moins, en 24 heures.

Dans les premiers temps du sevrage, les bacs à glaçons souples sont idéaux pour la congélation d'aliments pour bébés, mais assurez-vous de les protéger dans des sacs pour congélateur en plastique. Une fois les aliments congelés, retirez-les du bac et rangez-les dans des sacs pour congélateur que vous étiquetterez avec une date de péremption pour éviter que vous ne serviez à bébé des aliments qui ont dépassé leur date d'utilisation. Éliminez le maximum d'air des sacs avant de les sceller afin d'optimiser leur durée de conservation. Lorsque votre bébé commencera à consommer de plus grosses portions, vous devrez sans doute vous procurer de petits contenants de plastique munis de couvercle pression conçus pour la congélation d'aliments pour bébés.

Pour dégeler un repas, retirer le nombre nécessaire de cubes du sac (si le temps le permet, laissez les aliments décongeler avant de les faire chauffer) et faites-les chauffer dans une petite casserole ou au micro-ondes jusqu'à ce qu'ils soient tout chauds (remuez bien si vous faites chauffer au micro-ondes). Laissez les aliments refroidir et testez-en toujours la température avant de les donner à bébé : sa bouche est plus sensible à la chaleur que celle des adultes. Les fruits qui doivent être servis froids peuvent être placés au réfrigérateur pour décongeler pendant la nuit. Il y a quelques règles à suivre relativement aux aliments congelés :

- Ne remettez jamais au congélateur les repas qui ont déjà été congelés. Cependant, si vous utilisez des légumes ou des fruits surgelés pour faire des purées pour bébés, celles-ci peuvent être cuites et recongelées.
- Ne réchauffez jamais des repas plus d'une fois.
- Les aliments pour bébés peuvent être conservés au congélateur jusqu'à 8 semaines.

INTRODUCTION D'ALIMENTS SPÉCIFIQUES

Voici la liste, que j'ai établie, des aliments que vous devriez éviter d'offrir à votre bébé avant un certain âge. Cette liste n'est pas exhaustive ; je vous invite à vous référer à chacun des chapitres correspondants pour obtenir plus d'information.

QUAND PEUVENT-ILS CONSOMMER...	
Gluten (blé, seigle, orge et avoine)	*6 mois*
Fruits citrins	*6 mois*
Œufs bien cuits	*6 à 9 mois*
Œufs mollets, œufs brouillés bien cuits	*à partir d'un an*
Ajout de sel	*en quantité limitée à partir de 12 mois*
Sucre	*en quantité limitée à partir de 12 mois*
Lait de vache entier (complet) comme boisson principale	*12 mois*
Miel	*12 mois*
Pâté	*12 mois*
Fromages à pâte molle, tels brie / gorgonzola	*12 mois*
Noix entières / hachées	*5 ans*

PLANIFICATION DES REPAS

Le prochain chapitre comporte un certain nombre de menus que j'ai établis pour vous aider dans les premières semaines du sevrage de votre bébé. Les *Menus des premières saveurs* vous montrent comment sevrer graduellement votre bébé et lui faire adopter des aliments solides à partir de purées de fruits ou de légumes faciles à digérer faites essentiellement d'un seul ingrédient qui entraîne rarement une réaction allergique. Une fois que votre bébé aura terminé cette première étape, passez aux *Menus des saveurs acceptées* qui incluent des combinaisons de purées de fruits et de légumes comme carottes et pois, ou pêches, pommes et poires. Adaptez des recettes en fonction des aliments de saison.

Ces menus ne sont que des guides et varieront selon plusieurs facteurs, dont le poids de votre bébé. Si le dernier repas de la journée de votre bébé frôle l'heure du coucher, évitez de lui donner des aliments lourds ou plus difficiles à digérer. Si vous voulez une bonne nuit de sommeil, ce n'est pas le temps de faire des expériences alimentaires.

Je me suis efforcée de présenter une grande variété de recettes, bien que j'imagine que les repas préférés de votre bébé reviendront à plusieurs reprises ; c'est ici que votre congélateur sera commode.

Chacun des chapitres suivants comporte une série de menus pour votre bébé que vous pouvez suivre ou simplement utiliser comme guide. Adaptez les tableaux selon les aliments de saison et ce que vous préparez pour votre famille. Une fois que votre bébé aura atteint l'âge de neuf mois, vous devriez être en mesure de cuisiner pour l'ensemble de votre famille, incluant votre bébé, peut-être en donnant à votre bébé le midi ce que la famille consommera le soir, en autant que vous n'ajoutiez pas de sel à sa portion.

Dans ces derniers tableaux, j'ai établi un menu de quatre repas quotidiens, mais bon nombre de bébés se satisferont de trois repas et de quelques bonnes collations.

Plusieurs des purées de légumes des premiers chapitres peuvent être transformées en soupes de légumes, et certains des plats de légumes peuvent servir de plats d'accompagnement pour les autres membres de la famille. Une fois de plus, si vous donnez à votre bébé des légumes que vous préparez pour votre famille, évitez d'ajouter du sel. Plusieurs des recettes des derniers chapitres conviennent à toute la famille.

Chaque recette comporte les icônes de deux visages : un qui sourit ☺ et l'autre qui est triste ☹, chacun accompagné d'une case à cocher. Vous les trouverez utiles pour enregistrer vos succès (ou le contraire !). Certaines recettes comportent également un flocon de neige ❄ qui indique les repas qui peuvent être congelés.

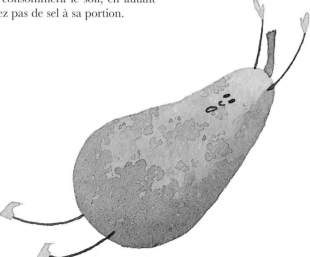

CHAPITRE DEUX

LA PREMIÈRE ÉTAPE DU SEVRAGE

Ces dernières années, les parents ont été fortement incités à donner à leurs enfants des aliments solides trop hâtivement ; cette insistance était de nature commerciale, médicale et sociale (dans une tentative d'imiter le voisin !). Les choses sont différentes aujourd'hui et c'est très bien ainsi compte tenu du fait, comme il a été mentionné précédemment, que plusieurs aliments peuvent entraîner des allergies alimentaires. De plus, le système digestif du bébé n'est pas encore prêt à absorber des aliments plus complexes que du lait avant l'âge d'au moins dix-sept semaines.

On recommande universellement l'allaitement maternel exclusif pendant les six premiers mois pour répondre à tous les besoins nutritionnels de votre bébé. Un bébé qui boit du lait maternisé en aura besoin de 650 à 875 ml (21 à 28 oz) par jour entre quatre et six mois, et de 565 à 875 ml (18 à 28 oz) par jour entre six mois et un an, une fois que les aliments solides auront été introduits.

LES PREMIERS FRUITS ET LÉGUMES

Les tout premiers aliments devraient être faciles à digérer et ne pas entraîner de réaction allergique.

Les légumes-racines comme la carotte, la patate douce, le panais et le rutabaga semblent être les plus populaires auprès des bébés très jeunes compte tenu de leur saveur naturellement sucrée et leur texture onctueuse une fois transformés en purée. Les meilleurs premiers fruits pour votre bébé sont les pommes, les poires, les bananes et les papayes. Assurez-vous toutefois de choisir des fruits mûrs et savoureux ; je vous recommande donc de les goûter avant de les servir à votre bébé.

Jusqu'à tout récemment, on recommandait d'introduire chaque nouvel aliment un à un et d'attendre trois jours avant d'en introduire un nouveau. Or, à moins que vous ayez des antécédents familiaux d'allergies à certains aliments, de nouveaux aliments peuvent être introduits des jours consécutifs, en autant que vous vous en teniez à la liste du tableau.

Lorsque vous introduisez de nouveaux aliments dans l'alimentation de votre bébé, veillez à *ne pas réduire sa consommation de lait*, parce qu'il demeure l'élément essentiel de sa croissance et de son développement.

Il est important de sevrer votre bébé en lui offrant la plus grande variété d'aliments possible. Une fois les premières saveurs acceptées, vous pouvez présenter à votre bébé tous les fruits et légumes (voir page 27). Or, portez une attention particulière aux fruits citrins, à l'ananas, aux baies et aux kiwis — certains bébés plus sensibles pourraient avoir de la difficulté à les supporter.

Fruits

Au début, bébé devrait consommer des purées cuites de pommes et de poires ou, non cuites, de bananes ou de papayes pilées. Après quelques semaines, votre bébé peut passer à d'autres fruits écrasés ou en purée tels les melons, les pêches et les prunes qui sont délicieux lorsqu'ils sont mûrs.

Les fruits séchés peuvent être introduits, mais en petites quantités. Bien qu'ils soient nutritifs, ils tendent à avoir un effet laxatif. Si la présence de pesticides vous inquiète, vous pouvez vous procurer des fruits et légumes biologiques.

Légumes

Certains parents préfèrent présenter à leur bébé les légumes avant les fruits. Étant donné que la plupart des bébés vont volontiers apprécier les fruits dès le départ, ces parents croient qu'il importe de développer le goût de bébé pour les aliments non sucrés d'abord.

LES MEILLEURS PREMIERS FRUITS

Pomme

Poire

Banane*

Papaye*

LES MEILLEURS PREMIERS LÉGUMES

Carotte

Pomme de terre

Rutabaga

Panais

Citrouille

Courge musquée

Patate douce

La banane et la papaye ne nécessitent pas de cuisson pourvu qu'elles soient mûres. Elles peuvent être réduites en purée ou pilées seules ou avec d'autres fruits avec un peu de lait maternel ou maternisé. Les bananes ne conviennent pas à la congélation.

Au début, lorsqu'il s'agit de présenter des aliments solides à un bébé, il est préférable de commencer par des légumes-racines, les carottes en particulier, parce qu'elles sont naturellement sucrées. Différents légumes renferment différentes vitamines et minéraux (par exemple, les légumes verts procurent de la vitamine C, tandis que les légumes jaunes fournissent de la vitamine A). Il est donc important d'offrir à bébé une grande variété de légumes aux étapes ultérieures.

De nombreux légumes sont très goûteux — le brocoli en est un —, aussi, une fois que les aliments solides sont relativement bien intégrés dans l'alimentation de bébé, vous pourriez leur ajouter de la pomme de terre ou du riz pour bébé et du lait pour les rendre plus agréables au goût. Les très jeunes bébés aiment bien les aliments assez fades.

Il est à noter que tous les fruits et légumes peuvent aussi être cuits au micro-ondes (voir la méthode générale à la page 17).

Riz

Le riz pour bébé compte également parmi les bons premiers aliments. Mélangé à de l'eau, du lait maternel ou maternisé, il est facile à digérer et sa saveur laiteuse facilite la transition aux aliments solides. Utilisez un riz non sucré et enrichi de vitamines et de fer. Le riz pour bébés se marie bien tant aux purées de fruits que de légumes.

TEXTURES

En tout début de sevrage, le mélange riz et purée de fruits ou de légumes devrait être assez trempé et fondant. La plupart des légumes doivent donc être cuits jusqu'à ce qu'ils soient très tendres afin qu'ils puissent être réduits en purée facilement. Il vous faudra peut-être allonger la consistance des purées pour plaire à bébé qui acceptera plus volontiers des aliments sous forme plus ou moins liquide ; il suffira de leur ajouter du lait maternisé ou maternel, du jus de fruits ou un peu d'eau bouillie.

Au fur et à mesure que votre bébé s'habitue à la sensation d'avoir des aliments solides dans sa bouche, vous pouvez réduire graduellement la quantité de liquide que vous ajoutez aux purées, ce qui l'incitera à mâcher un peu. Ce processus devrait aller de soi étant donné que bébé voudra mâcher ses aliments pendant qu'il perce ses dents (habituellement entre six et douze mois). Vous pouvez aussi *épaissir* les purées, au besoin, avec du riz pour bébés ou des biscottes émiettées. Lorsque votre bébé aura vieilli et que les aliments solides seront bien implantés (à l'âge de six mois, environ), des fruits peuvent être servis crus et des légumes cuits moins longtemps (conservant ainsi davantage leur vitamine C). Les aliments peuvent aussi être pilés ou hachés finement pour encourager bébé à mâcher plus tard.

N'oubliez pas de peler, d'étrogner et d'épépiner les fruits au besoin avant de les faire cuire ou de les réduire en purée (ou de les passer au moulin à légumes). Les légumes fibreux ou qui comportent des pépins devraient être passés à travers une passoire ou dans un moulin à légumes pour obtenir une texture plus onctueuse. L'enveloppe des légumineuses est indigeste pour les bébés à ce stade-ci.

QUANTITÉS

Au début, ne vous attendez pas à ce que votre bébé consomme plus de 5 ou 10 ml (1 ou 2 c. à thé) de son riz pour bébés ou de sa purée de fruits ou de légumes. Il ne vous faudra donc qu'une portion (dans la présente section, une portion équivaut à un ou deux cubes d'un bac à glaçons).

Au fur et à mesure que votre bébé s'habituera à manger des aliments solides, il vous faudra peut-être faire décongeler trois glaçons ou plus d'aliments congelés pour son repas, ou congeler ses aliments dans des pots plus grands.

BOISSONS

L'eau, tel qu'il a été mentionné à la page 13, est la boisson par excellence à offrir à votre bébé. Or, le jus d'orange frais contient beaucoup de vitamine C et aide votre enfant à absorber le fer. Si votre bébé réagit au jus d'orange, offrez-lui plutôt du jus de cassis. Mélangez une partie de jus à au moins cinq parties d'eau bouillie tiédie. Les jus dilués sont fades pour nos papilles, mais le goût sucré ne manque pas au bébé qui n'y est pas habitué. Essayez d'éviter de lui offrir des boissons sucrées : il développerait un faible pour les sucreries et refuserait de boire de l'eau.

Si vous achetez des jus de fruits du commerce, ils devraient être non sucrés. Malgré tout, ceux qui sont étiquetés «non sucrés» ou «sans sucre ajouté» contiennent une certaine quantité de sucre et d'acides qui favorisent les caries. Il est important de ne pas laisser votre bébé siroter continuellement des liquides à l'exception de l'eau.

Une centrifugeuse est un appareil utile à avoir. Plusieurs fruits et légumes peuvent être transformés en boissons nutritives.

TRUCS POUR L'INTRODUCTION DES ALIMENTS SOLIDES

1 Préparez un riz, ou une purée, assez liquide et moelleux au début en ajoutant du lait maternel ou maternisé, du jus non sucré, ou de l'eau de cuisson. Un truc pratique : mélangez la purée dans le capuchon amovible d'un biberon (stérilisé).

2 Installez votre bébé bien confortablement sur vos genoux ou dans un siège pour bébés. Il serait préférable que vous et votre bébé soyez tous deux protégés contre les dégâts potentiels !

3 Choisissez un moment où votre bébé n'est pas affamé. Vous pouvez lui donner un peu de lait pour calmer un peu son appétit ; il sera ainsi plus réceptif à vivre une nouvelle expérience.

4 Les bébés sont incapables de lécher les aliments d'une cuiller avec leur langue. Optez donc pour une petite cuiller de plastique peu profonde à partir de laquelle il pourra prendre une certaine quantité d'aliments avec ses lèvres. (Il existe des cuillers spéciales pour bébés sur le marché.)

5 Commencez par un repas d'aliments solides par jour, environ 5 ou 10 ml (1 ou 2 c. à thé). Personnellement, je préfère les donner le midi.

FRUITS ET LÉGUMES
LES PREMIÈRES SAVEURS

Pomme

Choisissez une variété sucrée de pomme à dessert. Pelez, coupez en deux, enlevez le cœur et hachez 2 pommes de taille moyenne. Mettez-les dans une casserole à fond épais avec 60 à 75 ml (4 à 5 c. à soupe) d'eau. Faites cuire à couvert à feu doux jusqu'à ce qu'elles soient tendres (de 7 à 8 minutes). Vous pouvez aussi les faire cuire à la vapeur pendant le même temps. Réduisez en purée. Si vous faites cuire à la vapeur, ajoutez un peu de l'eau bouillie du fond de l'étuveuse pour allonger la purée.

Pommes et cannelle

Faites mijoter 2 pommes à dessert dans du jus de pommes avec un bâton de cannelle. Faites cuire comme la recette ci-dessus; retirez le bâton de cannelle avant de réduire en purée.

DONNE 5 PORTIONS

Poire

Pelez, coupez en deux et enlevez le cœur de 2 poires que vous couperez en petits morceaux. Ajoutez-leur un peu d'eau et faites cuire à feu doux jusqu'à ce qu'elles soient tendres (environ 4 minutes). Vous pouvez aussi les faire cuire à la vapeur pendant le même temps. Réduisez en purée. Après quelques semaines de sevrage, vous pourrez réduire en purée des poires mûres sans les faire cuire au préalable. Pommes et poires se marient très bien.

DONNE 5 PORTIONS

Banane

Des bananes écrasées sont l'aliment pour bébés idéal. Faciles à digérer, les bananes causent rarement des allergies. Prenez une petite banane mûre et écrasez-la bien à l'aide d'une fourchette jusqu'à ce que la purée soit aussi lisse que possible. Ajoutez-y un peu d'eau bouillie ou de lait pour bébés si elle est trop épaisse et collante, donc difficile à avaler pour bébé.

Si votre bébé a la diarrhée ou a l'estomac dérangé, une diète de bananes pilées, de purée de pommes et de riz pour bébés pendant quelques jours est un bon remède.

DONNE 1 PORTION

Papaye

La papaye est un excellent fruit à donner aux très jeunes bébés. Le goût sucré et agréable, sans être trop prononcé, de la papaye donne une purée à texture parfaite en un clin d'œil. La pelure du fruit mûr est jaunâtre.

Coupez une papaye de taille moyenne en deux, retirez-en tous les pépins noirs et, à l'aide d'une cuiller, videz-la de sa chair. Réduisez cette dernière en purée en y ajoutant un peu de lait maternisé ou maternel si vous désirez.

DONNE 4 PORTIONS

Crème de fruits

Mélanger de la purée de fruits à du lait pour bébés et du riz pour bébés ou de la biscotte émiettée aide à la rendre plus agréable au goût pour votre bébé. Dans les mois à venir, votre bébé commencera peut-être à manger des fruits plus exotiques comme les mangues et les kiwis. Cette façon de «diluer» les purées de fruits avec du lait en réduira l'acidité.

Pelez, enlevez le cœur, faites cuire à la vapeur ou bouillir le fruit que vous voulez et réduisez-le en purée et, pour chaque quantité de 4 portions de fruits préparés, vous devriez ajouter 15 ml (1 c. à soupe) de riz pour bébés non parfumé ou la moitié d'une biscotte faible en sucre et 30 ml (2 c. à soupe) de lait pour bébés.

DONNE 3 PORTIONS DE PLUS

Purée aux trois fruits

Cette combinaison de trois des premiers fruits que votre bébé peut manger est délicieuse.

Mélangez 10 ml (2 c. à thé) chacune de purée de poires et de pommes (voir page 24) avec la moitié d'une banane écrasée. Vous pourriez aussi utiliser la moitié d'une poire mûre crue et pelée, cœur enlevé et coupée en morceaux. Réduisez le tout en purée avec la moitié de banane dans un mélangeur jusqu'à consistance lisse. Incorporez ensuite 10 ml (2 c. à thé) de purée de pommes cuites.

DONNE 4 PORTIONS

Carottes ou panais

Pelez, parez et tranchez 2 carottes ou panais. Mettez-les dans une casserole d'eau légèrement bouillante et laissez-les mijoter 25 minutes ou jusqu'à ce qu'ils soient très tendres. Vous pouvez aussi les faire cuire à la vapeur. Égouttez-les, en conservant le jus de cuisson, et réduisez en purée jusqu'à consistance lisse, en ajoutant du liquide de cuisson au besoin.

Le temps de cuisson des aliments destinés aux bébés est plus long. Lorsque votre bébé pourra mâcher, réduisez le temps de cuisson de moitié afin de préserver la vitamine C et de garder les légumes plus croquants.

DONNE 4 PORTIONS

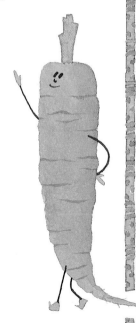

Patate douce, rutabaga ou panais

Utilisez 1 grosse patate douce, 1 petit rutabaga ou 2 gros panais. Frottez, pelez et hachez en dés. Couvrez d'eau bouillante, couvrez et laissez mijoter jusqu'à ce qu'ils soient tendres (15 à 20 minutes). Vous pouvez aussi les faire cuire à la vapeur. Égouttez et conservez le liquide de cuisson. Réduisez en purée dans un mélangeur en ajoutant du liquide au besoin.

DONNE 4 PORTIONS

Pomme de terre

Lavez, pelez et hachez 400 g (14 oz) de pommes de terre, couvrez-les d'eau bouillante et faites cuire à feu moyen environ 15 minutes. Ajoutez-y du liquide de cuisson ou du lait pour bébés afin d'obtenir la consistance désirée. Vous pouvez aussi faire cuire les pommes de terre à la vapeur et leur ajouter de l'eau de l'étuveuse ou le lait que votre bébé boit habituellement.

Évitez d'utiliser le robot culinaire pour réduire en purée les pommes de terre étant donné qu'il en défait l'amidon et les transforme en pâte collante. Servez-vous plutôt d'un moulin à légumes.

Vous pouvez faire cuire les pommes de terre ou les patates douces au four. Faites chauffer le four à 200 °C (400 °F) et faites-les cuire de 1 à 1 ¼ heure, ou jusqu'à ce qu'elles soient tendres. Retirez-en la chair à l'aide d'une cuiller et pilez-la avec un peu de lait pour bébés et du beurre.

DONNE 10 PORTIONS

Crème de carottes

Une purée crémeuse peut être préparée à partir d'une variété de légumes en leur ajoutant du lait pour bébés et du riz pour bébés. Réduisez en purée 1 grosse carotte. Cela devrait donner une toute petite quantité, 125 ml (½ tasse), de purée de carottes (voir page 25). Mélangez 15 ml (1 c. à soupe) de riz pour bébés non parfumé à 30 ml (2 c. à soupe) du lait que votre bébé boit habituellement. Incorporez le mélange de riz pour bébés à la purée de légumes. La moitié d'une biscotte réduite en sucre émiettée et mélangée à du lait pour bébés rend aussi une purée crémeuse. Laissez la biscotte amollir dans le lait de bébé avant de l'ajouter à la purée de légumes de votre choix.

DONNE 2 PORTIONS

Courge musquée

La courge musquée est naturellement sucrée et plaît beaucoup aux bébés.

Pelez une courge musquée pesant environ 360 g (¾ de lb). Épépinez-la et coupez-la en cubes de 2,5 cm (1 po). Faites cuire les cubes à la vapeur ou couvrez-les d'eau bouillante et laissez mijoter environ 15 minutes ou jusqu'à ce qu'ils soient tendres. Transférez la courge dans un mélangeur et réduisez-la en purée avec un peu de liquide de cuisson.

DONNE 6 PORTIONS

FRUITS ET LÉGUMES
UNE FOIS LES PREMIÈRES SAVEURS ACCEPTÉES

Courgette

Lavez soigneusement 2 courgettes moyennes, enlevez les extrémités et tranchez-les. (La pelure est tendre, donc il est inutile de la retirer). Faites cuire à la vapeur jusqu'à ce qu'elles soient tendres (environ 10 minutes), réduisez-les ensuite en purée dans un mélangeur ou pilez-les à la fourchette. (Inutile d'ajouter du liquide supplémentaire.) Un bon légume à mélanger avec de la patate douce, des carottes ou du riz pour bébés.

DONNE 8 PORTIONS

Brocoli et chou-fleur

Utilisez 250 ml (1 tasse) de l'un des deux. Lavez soigneusement le légume, coupez en petits bouquets et ajoutez ensuite 160 ml (5 oz) d'eau bouillante. Couvrez et laissez mijoter jusqu'à ce qu'il soit tendre (environ 10 minutes). Égouttez et conservez le liquide de cuisson. Pilez jusqu'à l'obtention d'une purée lisse, en ajoutant un peu de liquide de cuisson, ou de lait pour bébés, jusqu'à la consistance souhaitée.

Vous pouvez aussi faire cuire les bouquets à la vapeur 10 minutes pour conserver davantage de saveur et de nutriments. Ajoutez de l'eau de cuisson ou du lait pour bébés pour obtenir une purée lisse. Le brocoli et le chou-fleur s'harmonisent bien avec une sauce au fromage ou une purée de légumes-racines comme la carotte ou la patate douce.

DONNE 4 PORTIONS

Haricots verts

N'importe quelle variété de haricots verts fait l'affaire, mais les haricots plus petits et plus jeunes sont plus tendres. Parez les haricots et retirez-en les fils. Faites-les cuire à la vapeur jusqu'à ce qu'ils soient tendres (environ 12 minutes) et passez-les au mélangeur. Ajoutez un peu d'eau bouillie ou de lait pour bébés pour obtenir une purée lisse. Les légumes verts comme les haricots verts se combinent bien aux légumes-racines tels que la patate douce ou la carotte.

Pommes de terre, courgettes et brocoli

Mélanger de la pomme de terre à des légumes verts rend ces derniers plus agréables au goût pour votre bébé. Pelez et hachez 2 pommes de terre moyennes. Faites-les bouillir dans l'eau sous une étuveuse environ 10 minutes ou jusqu'à ce qu'elles soient tendres. Mettez 65 ml (1/4 de tasse) de bouquets de brocoli et 125 ml (1/2 tasse) de courgettes tranchées dans le panier de l'étuveuse ; faites cuire à couvert 5 minutes ou jusqu'à ce que tous les légumes soient tendres. Égouttez les pommes de terre et réduisez-les en purée dans un moulin avec les autres légumes, en ajoutant suffisamment de lait pour bébés pour obtenir une consistance lisse.

DONNE 4 PORTIONS

Trio au brocoli

Pelez et hachez 1 patate douce moyenne et faites-la bouillir 5 minutes. Mettez 125 ml (½ tasse) chacun de bouquets de brocoli et de chou-fleur dans le panier de l'étuveuse, au-dessus des patates douces. Mettez le couvercle et faites cuire 5 minutes. Lorsque tous les légumes sont tendres, réduisez-les en purée dans un mélangeur avec un peu de beurre et suffisamment de liquide de cuisson pour obtenir la consistance souhaitée.

Pêches

Portez à ébullition une petite casserole d'eau. Faites une incision en croix peu profonde dans la pelure de 2 pêches; submergez-les dans l'eau bouillante 1 minute et plongez-les ensuite dans de l'eau froide. Pelez les pêches blanchies et hachez-les après les avoir dénoyautées. Vous pouvez réduire en purée des pêches crues ou les faire cuire à la vapeur quelques minutes jusqu'à ce qu'elles soient tendres. Pêches et bananes se marient très bien.

DONNE 4 PORTIONS

Carottes et chou-fleur

Combiner des légumes les rend plus intéressants et, une fois que votre bébé sera habitué aux carottes et au chou-fleur séparément, cette combinaison fera changement. Faites cuire 125 ml (½ tasse) de carottes, grattées et tranchées, dans de l'eau bouillante 20 minutes ou jusqu'à ce qu'elles soient tendres. Après 10 minutes, ajoutez-leur 375 ml (1 ½ tasse) de bouquets de chou-fleur. Égouttez les légumes et réduisez-les en purée dans un mélangeur. Incorporez 30 ml (2 c. à soupe) de lait pour bébés à la purée.

DONNE 4 PORTIONS

Cantaloup

Le cantaloup est un petit melon vert à l'écorce rugueuse et à chair orangée; il regorge de vitamines A et C. Ne donnez à votre bébé que du melon mûr. Coupez-le en deux, retirez-en les graines, retirez-en la chair à l'aide d'une cuiller que vous réduirez en purée au mélangeur.

D'autres variétés de melon sucré, comme le Galia ou le melon miel, sont aussi très savoureuses. Lorsque votre bébé sera un peu plus vieux, il pourra consommer du melon cru s'il est mûr.

DONNE 6 PORTIONS

Prunes

Pelez 2 grosses prunes mûres de la même façon que les pêches (voir ci-contre). Réduisez la chair en purée au mélangeur ; les fruits crus peuvent être réduits en purée s'ils sont tendres et juteux. Vous pouvez faire cuire les pêches à la vapeur quelques minutes jusqu'à ce qu'elles soient tendres. Les prunes se mélangent bien au riz pour bébés, aux bananes et au yogourt.

DONNE 4 PORTIONS

Abricot, pêche ou prune séchés

De nombreux marchés d'alimentation vendent une variété de fruits séchés prêts à manger. Les abricots sont particulièrement nourrissants compte tenu de leur teneur élevée en bêta-carotène et en fer. Couvrez d'eau froide 190 ml (³/4 de tasse) de fruits, portez à ébullition et laissez mijoter jusqu'à ce qu'ils soient tendres (environ 5 minutes). Égouttez, retirez-en les noyaux et passez-les dans un moulin pour en éliminer les pelures. Ajoutez-leur un peu de liquide de cuisson pour obtenir une purée bien lisse.

Cette purée se mélange bien aux riz et lait pour bébés, aux bananes ou aux poires mûres.

DONNE 4 PORTIONS

Abricots et poires

Hachez grossièrement 125 ml (¹/2 tasse) d'abricots prêts à manger et mettez-les dans une casserole avec 2 poires mûres, pelées, le cœur enlevé et coupées en morceaux. Faites cuire, à couvert, à feu doux de 3 à 4 minutes. Réduisez-les en purée dans un mélangeur. Vous pouvez aussi utiliser 4 abricots frais, sucrés, mûrs, pelés, dénoyautés et hachés.

DONNE 8 PORTIONS

Compote de pomme et raisins secs

Faites chauffer 45 ml (3 c. à soupe) de jus d'orange frais dans une casserole. Ajoutez-y 2 pommes à dessert pelées, le cœur enlevé et tranchées, et 25 ml (1 ¹/2 c. à soupe) de raisins secs lavés. Faites cuire à feu doux environ 5 minutes ou jusqu'à ce que les fruits soient ramollis, en ajoutant de l'eau au besoin.

Les fruits séchés tels les abricots et les raisins secs devraient être passés dans un moulin afin d'éliminer les pelures qui sont indigestes pour les bébés.

DONNE 8 PORTIONS

Pois

Les pois surgelés sont tout aussi nutritifs que les frais. Couvrez d'eau 250 ml (1 tasse) de pois, portez à ébullition et laissez mijoter, à couvert, 4 minutes. Égouttez et conservez une partie du liquide de cuisson. Passez les pois au moulin ou à travers une passoire et ajoutez-leur un peu de liquide de cuisson pour obtenir la consistance souhaitée. Délicieux combinés à des pommes de terre, des patates douces, du panais ou des carottes. Si vous utilisez des pois frais, faites-les cuire de 12 à 15 minutes.

DONNE 4 PORTIONS

Poivron rouge

Lavez, enlevez le cœur et épépinez un poivron rouge moyen. Coupez-le en quartiers que vous faites griller sous le gril préchauffé du four jusqu'à ce que la pelure soit calcinée. Mettez les quartiers dans un sac de plastique et laissez-les tiédir. Retirez la pelure cloquée et réduisez les quartiers en purée. Celle-ci est bonne servie sur du chou-fleur ou des pommes de terre.

DONNE 2 À 3 PORTIONS

Avocat

Prenez un avocat bien mûr, coupez-le en deux et retirez-en le noyau. Pilez le tiers ou la moitié de la chair d'avocat à la fourchette en ajoutant un peu de lait. À servir rapidement avant que l'avocat ne brunisse. Se combine bien à de la banane pilée.

Ne congelez pas les avocats.

DONNE 1 PORTION

Maïs en épi

Épluchez, enlevez la barbe et lavez bien les épis. Couvrez-les d'eau bouillante et laissez-les cuire à feu moyen 10 minutes. Égouttez-les et retirez-en les grains à l'aide d'un couteau tranchant. Réduisez-les en purée à l'aide d'un moulin. Vous pouvez aussi faire cuire des grains de maïs surgelés et les réduire en purée.

DONNE 2 PORTIONS

Épinards

Lavez soigneusement 500 ml (2 tasses) de feuilles d'épinard en veillant à en retirer les tiges rigides. Faites-les cuire à la vapeur ou dans une casserole, après les avoir aspergées d'un peu d'eau, jusqu'à ce qu'elles soient flétries (environ 3 à 4 minutes). Exprimez délicatement tout excès d'eau. Les épinards accompagnent bien les pommes de terre, les patates douces ou les courges musquées.

DONNE 2 PORTIONS

Tomates

Plongez 2 tomates moyennes dans de l'eau bouillante 30 secondes. Passez-les sous l'eau froide, pelez-les, épépinez-les et hachez-les grossièrement. Faites fondre un peu de beurre dans une casserole à fond épais et faites revenir les tomates jusqu'à ce qu'elles soient ramollies. Réduisez-les en purée dans un mélangeur. Cette purée accompagne bien les pommes de terre, le chou-fleur et les courgettes.

DONNE 2 À 3 PORTIONS

Pêche et banane

Une délicieuse purée à préparer lorsque c'est la saison des pêches.
Elles sont une bonne source de vitamine C et faciles à digérer.
Les bananes se marient bien aussi aux papayes.

DONNE 1 PORTION

*1 pêche mûre, pelée et coupée
en petits morceaux*
1 petite banane, pelée et tranchée

*8 ml ($^1/_2$ c. à soupe) de jus de pommes pur
riz pour bébés (facultatif)*

Mettez les morceaux de pêche, les tranches de banane et le jus de pommes dans une petite casserole, couvrez et laissez mijoter de 2 à 3 minutes. Réduisez en purée dans un mélangeur. Ajoutez un peu de riz pour bébés si la purée est trop liquide.

Pomme et banane au jus d'orange

Une variante intéressante de la banane pilée ou de la purée de pommes.
Lorsque votre bébé a six mois ou plus, vous pouvez préparer cette recette avec
de la pomme râpée et de la banane pilée.

DONNE 1 PORTION

$^1/_4$ de pomme, pelée, cœur enlevé et hachée
$^1/_4$ de banane, pelée et hachée

5 ml (1 c. à thé) de jus d'orange

Faites cuire la pomme à la vapeur jusqu'à ce qu'elle soit tendre (environ 7 minutes). Réduisez-la en purée ou pilez-la avec la banane et le jus d'orange. Servez aussitôt que possible.

Pêches, pommes et poires

Si ce n'est pas la saison des pêches, vous pouvez préparer cette recette simplement à partir de pommes et de poires. Si la purée est trop liquide, incorporez-y un peu de riz pour bébés pour l'épaissir.

DONNE 8 PORTIONS

*2 pommes à dessert, pelées,
cœurs enlevés et hachées
1 gousse de vanille*

*25 ml (2 c. à soupe) de jus de pommes
ou d'eau
2 pêches mûres, pelées dénoyautées et hachées
2 poires mûres, pelées, cœurs enlevés et hachées*

Mettez les morceaux de pommes dans une casserole. Fendez sur le long la gousse de vanille à l'aide d'un couteau tranchant et dégagez-en les graines dans la casserole, ajoutez la gousse et le jus de pommes ou l'eau. Laissez mijoter, à couvert, environ 5 minutes. Ajoutez les pêches et les poires et faites cuire de 3 à 4 minutes de plus. Retirez la gousse et réduisez en purée.

Compote de fruits séchés

Les fruits séchés et les fruits frais font un délicieux mélange.
Lorsque bébé est plus vieux, mélangez la compote avec du yogourt nature.

DONNE 6 PORTIONS

*125 ml (¹/₂ tasse) chacun d'abricots séchés,
de pêches séchées et de pruneaux*

*1 pomme à dessert et 1 poire, pelées, cœurs
enlevés et hachées, ou 1 pomme et 3 abricots
frais, pelés, dénoyautés et hachés*

Mettez les fruits séchés, la pomme et la poire (ou les abricots) dans une casserole et couvrez à peine d'eau bouillante. Laissez mijoter environ 8 minutes. Égouttez les fruits et réduisez en purée en ajoutant un peu d'eau de cuisson au besoin.

Bouillon de légumes

Le bouillon de légumes est la base de plusieurs recettes aux légumes. Celui-ci devrait se conserver une semaine au réfrigérateur. L'absence d'additifs et de sel de cette recette vaut vraiment la peine d'en préparer pour votre bébé.

DONNE ENVIRON 1 LITRE (4 TASSES)

1 gros oignon, pelé
125 ml (¹/₂ tasse) de carottes, pelées
1 branche de céleri
375 ml (1 ¹/₂ tasse) de légumes-racines
(patates sucrées, rutabaga, panais), pelés
¹/₂ poireau

25 ml (2 c. à soupe) de beurre
1 sachet de bouquet garni
1 brin de persil frais
1 feuille de laurier
6 grains de poivre
1 litre (4 tasses) d'eau

Hachez tous les légumes. Faites fondre le beurre dans une grande casserole et faites revenir l'oignon haché 5 minutes. Ajoutez le reste des ingrédients et couvrez d'eau. Portez à ébullition et laissez mijoter environ 1 heure. Filtrez le bouillon dans un tamis et exprimez le jus des légumes à travers une passoire.

Purée de carottes et pois

Les carottes et les pois ont un goût naturellement sucré qui plaît aux bébés.

DONNE 2 PORTIONS

220 ml (7 oz) de carottes, pelées et tranchées   *85 ml (¹/₃ de tasse) de pois surgelés*

Mettez les tranches de carottes dans une casserole et recouvrez d'eau bouillante. Couvrez et faites cuire 15 minutes. Ajoutez les pois et faites cuire 5 minutes de plus. Réduisez en purée avec suffisamment de liquide de cuisson pour obtenir une purée lisse.

Céréales pour bébés et légumes

Les purées de légumes sont parfois très liquides, surtout les purées de courgettes, par exemple, qui renferment une grande quantité d'eau. Dans la présente recette, j'ai ajouté du riz pour bébés, un excellent épaississant.

DONNE 6 PORTIONS

25 ml (2 c. à soupe) d'oignon, haché
5 ml (1 c. à thé) d'huile d'olive
1 courgette, parée et tranchée
125 ml (¹/2 tasse) de brocoli

2 carottes moyennes, pelées et tranchées
bouillon de légumes (facultatif)
125 ml (¹/2 tasse) de pois surgelés
45 ml (3 c. à soupe) de riz pour bébés

Faites revenir l'oignon haché dans l'huile 2 minutes ; ajoutez ensuite tous les légumes, sauf les pois surgelés. Couvrez à peine d'eau bouillante ou de bouillon de légumes. Portez à nouveau à ébullition et laissez mijoter 20 minutes. Ajoutez les pois surgelés et laissez cuire 5 minutes de plus. Réduisez en purée les légumes en ajoutant autant d'eau de cuisson qu'il faut pour obtenir la consistance souhaitée. Incorporez ensuite le riz pour bébés.

Mélange de légumes doux

Les légumes-racines tels le rutabaga, la carotte et le panais font de délicieuses purées nourrissantes pour les jeunes bébés. La courge musquée et la citrouille, qui plaisent beaucoup aux bébés, peuvent aussi servir à préparer cette recette.

DONNE 5 PORTIONS

250 ml (1 tasse) de carottes, pelées et hachées
250 ml (1 tasse) de rutabaga, pelé et haché
250 ml (1 tasse) de pommes de terre,
de courge musquée ou de citrouille,
pelées et hachées

125 ml (¹/2 tasse) de panais, pelé et haché
300 ml (1 ¹/4 tasse) d'eau ou de lait
(le lait de vache convient pour la cuisson
lorsque bébé atteint l'âge de six mois)

Mettez les légumes dans une casserole avec l'eau ou le lait. Portez à ébullition, couvrez et laissez mijoter 25 à 30 minutes, ou jusqu'à ce que les légumes soient tendres. Retirez les légumes à l'aide d'une cuiller à égoutter et réduisez-les en purée dans un mélangeur en ajoutant suffisamment d'eau de cuisson pour obtenir la consistance souhaitée.

Purée de cresson,
pomme de terre et courgette

Le cresson est une excellente source de calcium et de fer. Il se mélange bien à d'autres légumes pour obtenir des purées savoureuses, vert clair. Vous pouvez y ajouter un peu de lait si votre bébé préfère la purée ainsi.

DONNE 6 PORTIONS

1 grosse pomme de terre d'environ 300 g (10 oz), pelée et hachée
300 ml (1 ¹/₄ tasse) de bouillon de légumes (recette à la page 33)

1 courgette moyenne, parée et tranchée
un petit bouquet de cresson
un peu de lait (facultatif)

Mettez les morceaux de pomme de terre dans une casserole, couvrez du bouillon et faites cuire 5 minutes. Ajoutez les tranches de courgette et poursuivez la cuisson 5 minutes de plus. Retirez les tiges du cresson, ajoutez-le à la casserole et faites cuire de 2 à 3 minutes. Réduisez en purée les légumes à l'aide d'un moulin à légumes et, si désiré, ajoutez un peu de lait pour obtenir la consistance voulue.

Avocat et banane ou papaye

Une purée très facile à faire, et les fruits se mélangent très bien.

DONNE 1 PORTION

¹/₂ petit avocat *¹/₂ petite banane ou ¹/₄ de papaye*

Retirez la chair de l'avocat et pilez-la avec la banane ou la papaye jusqu'à consistance lisse. La purée doit être consommée aussitôt faite car l'avocat tend à brunir rapidement.

Courge musquée et poire

La courge musquée renferme beaucoup d'antioxydants qui aident à protéger du cancer et stimulent le système immunitaire de votre enfant.
Elle est facile à digérer, n'entraîne que rarement des allergies et constitue une excellente source de vitamine A pour une peau en santé et une bonne acuité visuelle. Les bébés apprécient son goût naturellement sucré qui se marie bien aux fruits. De plus, la cuisson à la vapeur des fruits et des légumes, comme c'est le cas ici, est l'une des meilleures façons d'en préserver les éléments nutritifs.
La courge musquée est aussi délicieuse coupée en deux, épépinée, l'intérieur des moitiés badigeonné de beurre fondu auxquelles on ajoute 15 ml (1 c. à soupe) de jus d'orange frais. Couvrez-les de papier d'aluminium et faites-les cuire au four préchauffé à 180 °C (350 °F) 1 ¹/₂ heure ou jusqu'à ce qu'elles soient tendres.

DONNE 4 PORTIONS

1 courge musquée ou une citrouille moyenne *1 poire mûre et juteuse*
d'environ 450 g (1 lb)

Pelez la courge musquée, coupez-la en deux, épépinez-la et hachez-la en morceaux. Faites cuire à la vapeur environ 12 minutes. Pelez, retirez le cœur et hachez la poire ; ajoutez les morceaux à l'étuveuse et poursuivez la cuisson 5 minutes ou jusqu'à ce que la courge soit tendre. Réduisez en purée au mélangeur.

Patate douce à la cannelle

L'ajout de cannelle apporte une touche sucrée à cette purée
que les bébés adorent. Une recette très facile à faire.

DONNE 4 PORTIONS

*1 patate douce d'environ 200 g (6 oz), pelée
et coupée en morceaux*

*une généreuse pincée de cannelle moulue
15 à 30 ml (1 à 2 c. à soupe) de lait
pour bébés*

Couvrez d'eau les morceaux de patate douce, portez à ébullition et laissez mijoter environ 30 minutes ou jusqu'à ce qu'ils soient tendres. Égouttez et pilez avec la cannelle et une quantité suffisante de lait jusqu'à l'obtention de la consistance souhaitée.

☺ ☹ ❄

Purée de poireau, patate douce et pois

La patate douce est l'aliment pour bébés par excellence : débordante de nutriments, elle est naturellement sucrée et de texture lisse. Optez pour la variété à chair orangée, riche en bêta-carotène. Les légumes surgelés font très bien l'affaire lorsqu'il s'agit de préparer des purées car ils sont surgelés seulement quelques heures après leur cueillette et leur valeur nutritive équivaut presque à celle des légumes frais. Une fois cuits, les légumes surgelés peuvent être congelés à nouveau.

DONNE 5 PORTIONS

*175 ml (³/₄ de tasse) de poireau, lavé et tranché
875 ml (3 ¹/₂ tasses) de patates douces,
pelées et hachées*

*300 ml (1 ¹/₄ tasse) de bouillon de légumes
125 ml (¹/₂ tasse) de pois surgelés*

Mettez le poireau et les patates douces dans une casserole, versez-y le bouillon de légumes et portez à ébullition. Couvrez et laissez mijoter 15 minutes. Ajoutez les pois et poursuivez la cuisson 5 minutes. Réduisez en purée au mélangeur.

☺ ☹ ❄

MENUS DES PREMIÈRES SAVEURS

Semaine 1	Au lever	Matin	Midi	Soir	Au coucher
Jours 1-2	Lait maternel/biberon	Lait maternel/biberon	Lait maternel/biberon Riz pour bébés	Lait maternel/biberon	Lait maternel/biberon
Jours 3-4	Lait maternel/biberon	Lait maternel/biberon	Lait maternel/biberon Légume-racine (carotte ou patate douce)	Lait maternel/biberon	Lait maternel/biberon
Jour 5	Lait maternel/biberon	Lait maternel/biberon	Lait maternel/biberon Poire et riz pour bébés	Lait maternel/biberon	Lait maternel/biberon
Jour 6	Lait maternel/biberon	Lait maternel/biberon	Lait maternel/biberon Pomme	Lait maternel/biberon	Lait maternel/biberon
Jour 7	Lait maternel/biberon	Lait maternel/biberon	Lait maternel/biberon Légume (courge musquée ou patate douce)	Lait maternel/biberon	Lait maternel/biberon
Semaine 2					
Jours 1-2	Lait maternel/biberon Poire et riz pour bébés	Lait maternel/biberon	Lait maternel/biberon Légume-racine (pomme de terre, panais ou carotte)	Lait maternel/biberon	Lait maternel/biberon
Jours 3-4	Lait maternel/biberon Banane ou papaye	Lait maternel/biberon	Lait maternel/biberon **Mélange de légumes doux**	Lait maternel/biberon	Lait maternel/biberon
Jours 5-6	Lait maternel/biberon Pomme ou poire	Lait maternel/biberon	Lait maternel/biberon Patate douce, courge musquée ou rutabaga	Lait maternel/biberon	Lait maternel/biberon
Jour 7	Lait maternel/biberon Pêche et banane ou banane pilée	Lait maternel/biberon	Lait maternel/biberon Carotte ou carotte et panais	Lait maternel/biberon	Lait maternel/biberon

Ces menus ne constituent que des suggestions et dépendent de plusieurs facteurs dont le poids du bébé. Certains bébés se satisferont d'un repas d'aliments solides par jour, tandis que d'autres réclameront un deuxième repas le soir. Le texte en gras indique des recettes présentées dans le livre.

MENUS DES PREMIÈRES SAVEURS

Semaine 3	Au lever	Matin	Midi	Soir	Au coucher
Jour 1	Lait maternel/biberon	Lait maternel/biberon Banane	Jus dilué ou eau **Mélange de légumes doux**	Lait maternel/biberon	Lait maternel/biberon
Jour 2	Lait maternel/biberon	Lait maternel/biberon Pomme	Jus dilué ou eau **Mélange de légumes doux**	Lait maternel/biberon	Lait maternel/biberon
Jour 3	Lait maternel/biberon	Lait maternel/biberon **Pêches, pommes et poires**	Jus dilué ou eau **Trio au brocoli**	Lait maternel/biberon	Lait maternel/biberon
Jour 4	Lait maternel/biberon	Lait maternel/biberon **Crème de fruits**	Jus dilué ou eau **Courge musquée et poire**	Lait maternel/biberon	Lait maternel/biberon
Jour 5	Lait maternel/biberon	Lait maternel/biberon **Crème de fruits**	Jus dilué ou eau **Courge musquée et poire**	Lait maternel/biberon	Lait maternel/biberon
Jour 6	Lait maternel/biberon	Lait maternel/biberon Banane ou papaye	Jus dilué ou eau **Pommes de terre, courgettes et brocoli**	Lait maternel/biberon	Lait maternel/biberon
Jour 7	Lait maternel/biberon	Lait maternel/biberon Poire ou riz pour bébés	Jus dilué ou eau **Purée de carottes et pois**	Lait maternel/biberon	Lait maternel/biberon

Les jus de fruits dilués devraient être préparés à partir de trois parties d'eau et d'une partie de jus, ou être remplacés par de l'eau bouillie et rafraîchie.

MENUS DES SAVEURS ACCEPTÉES

	Au lever	Matin	Midi	Soir	Au coucher
Jour 1	Lait maternel/biberon	Lait maternel/biberon **Purée aux trois fruits**	**Purée de poireau, patate douce et pois** Lait maternel/biberon	**Carottes et chou-fleur** Eau ou jus dilué	Lait maternel/biberon
Jour 2	Lait maternel/biberon	Lait maternel/biberon **Purée aux trois fruits**	**Purée de poireau, patate douce et pois** Lait maternel/biberon	**Mélange de légumes doux** Eau ou jus dilué	Lait maternel/biberon
Jour 3	Lait maternel/biberon	Lait maternel/biberon Poire et céréales pour bébés	**Trio au brocoli** Lait maternel/biberon	Patate douce Eau ou jus dilué	Lait maternel/biberon
Jour 4	Lait maternel/biberon	Lait maternel/biberon **Pommes et cannelle**	**Céréales pour bébés et légumes** Lait maternel/biberon	Patate douce Eau ou jus dilué	Lait maternel/biberon
Jour 5	Lait maternel/biberon	Lait maternel/biberon **Pommes et cannelle** et céréales pour bébés	**Avocat et banane ou papaye** Lait maternel/biberon	**Purée de carottes et pois** Eau ou jus dilué	Lait maternel/biberon
Jour 6	Lait maternel/biberon	Lait maternel/biberon Banane	**Purée de cresson, pomme de terre et courgettes** Lait maternel/biberon	**Trio au brocoli** Eau ou jus dilué	Lait maternel/biberon
Jour 7	Lait maternel/biberon	Lait maternel/biberon **Pomme et banane au jus d'orange**	**Purée de cresson, pomme de terre et courgettes** Lait maternel/biberon	**Trio au brocoli** Eau ou jus dilué	Lait maternel/biberon

Ces menus ne constituent que des suggestions et dépendent de plusieurs facteurs dont le poids du bébé. Certains bébés se satisferont d'un repas d'aliments solides par jour, tandis que d'autres réclameront un deuxième repas le soir. Le texte en gras indique des recettes présentées dans le livre.

MENUS DES SAVEURS ACCEPTÉES

	Au lever	Matin	Midi	Après-midi	Soir	Au coucher
Jour 1	Lait maternel/biberon Céréales pour bébés Banane pilée	Lait maternel/ biberon	**Purée de poireau, patate douce et pois** Eau ou jus dilué	Lait maternel/ biberon	Carottes Poire ou pêche **Biscuit de dentition** Eau ou jus dilué	Lait maternel/ biberon
Jour 2	Lait maternel/biberon Céréales pour bébés **Compote de pomme et raisins secs**	Lait maternel/ biberon	**Avocat et banane ou papaye** Eau ou jus dilué	Lait maternel/ biberon	**Purée de carottes et pois** Melon (ou prune) haché finement Eau ou jus dilué	Lait maternel/ biberon
Jour 3	Lait maternel/biberon Céréales pour bébés **Pomme et banane au jus d'orange**	Lait maternel/ biberon	**Patate douce à la cannelle** Eau ou jus dilué	Lait maternel/ biberon	**Pommes de terre, courgettes et brocoli Compote de fruits séchés** Eau ou jus dilué	Lait maternel/ biberon
Jour 4	Lait maternel/biberon Céréales pour bébé Yogourt	Lait maternel/ biberon	**Trio au brocoli** Eau ou jus dilué	Lait maternel/ biberon	**Mélange de légumes doux** Mangue ou papaye Eau ou jus dilué	Lait maternel/ biberon
Jour 5	Lait maternel/biberon Céréales pour bébés **Pêches, pommes et poires**	Lait maternel/ biberon	**Trio au brocoli** eau ou jus dilué	Lait maternel/ biberon	**Mélange de légumes doux** Bâtonnets de pain grillé Yogourt Eau ou jus dilué	Lait maternel/ biberon
Jour 6	Lait maternel/biberon Céréales pour bébés **Pêches, pommes et poires**	Lait maternel/ biberon	**Purée de cresson, pomme de terre et courgettes** Eau ou jus dilué	Lait maternel/ biberon	**Purée de poireau, patate douce et pois** Banane Eau ou jus dilué	Lait maternel/ biberon
Jour 7	Lait maternel/biberon Céréales pour bébés **Abricots et poires**	Lait maternel/ biberon	**Purée de carottes et pois** Eau ou jus dilué	Lait maternel/ biberon	**Purée de cresson, pomme de terre et courgettes Pêche et banane** Eau ou jus dilué	Lait maternel/ biberon

Les jus de fruits dilués devraient être préparés à partir de trois parties d'eau et d'une partie de jus, ou être remplacés par de l'eau bouillie et rafraîchie.

LA DEUXIÈME
ÉTAPE DU SEVRAGE

Entre l'âge de six et neuf mois, votre bébé se développe rapidement. Un bébé de six mois a besoin d'être supporté physiquement pendant qu'il est nourri et, plus souvent qu'autrement, n'a pas encore de dents. Un bébé de neuf mois, cependant, est habituellement assez fort pour s'asseoir dans une chaise d'enfant pendant ses repas et il a déjà quelques dents. Les bébés de huit mois sont habituellement fort habiles lorsqu'il s'agit de tenir des aliments dans leurs mains et aiment bien manger de petits aliments à prendre avec leurs doigts comme des légumes, crus ou cuits, des pâtes ou des fruits crus. (Voir pages 75 à 78.) Les bébés viennent au monde avec une réserve de fer valable pendant environ six mois. Par la suite, ils doivent s'en remettre à leur alimentation pour obtenir le fer dont ils ont besoin. Le bébé qui ne consomme pas au moins 565 ml (2 $\frac{1}{4}$ tasses) de lait maternel ou maternisé par jour risque de ne pas consommer la quantité de fer quotidienne recommandée, ce qui peut nuire à son développement mental et physique. Il est particulièrement important que la boisson courante de votre bébé avant qu'il atteigne un an ne soit pas du lait de vache étant donné que celui-ci ne contient pas autant de fer ou de vitamines que le lait maternisé.

MOINS DE LAIT, MEILLEUR APPÉTIT

Lorsque votre bébé est âgé de sept ou huit mois, vous pouvez commencer à diminuer la quantité de lait qu'il consomme afin qu'il ait meilleur appétit pour ses aliments solides. Cependant, entre six mois et un an, les bébés devraient boire de 500 à 750 ml (16 à 24 oz) de lait maternel ou maternisé par jour. De plus, vous pouvez lui donner d'autres produits laitiers et lui offrir de l'eau, du jus de fruits dilué ou des tisanes faibles en sucre pendant ses repas s'il a soif.

Il est préférable de mettre seulement du lait maternisé ou du lait maternel ou de l'eau dans le biberon de votre bébé. Suçoter des boissons sucrées est la cause principale de carie dentaire chez les jeunes enfants, et les bébés sont plus susceptibles d'avoir des caries que les enfants et les adultes. Je vous recommande de vous procurer une tasse avec un couvercle, un bec souple et des poignées faciles à tenir pour votre bébé lorsqu'il aura atteint six mois. Il existe aussi des tasses d'apprentissage conçues pour aider votre bébé à passer facilement et graduellement des becs souples aux tasses sans couvercle.

Laissez l'appétit de votre bébé déterminer la quantité d'aliments qu'il consomme et ne le forcez jamais à manger quelque chose qu'il n'aime vraiment pas. Ne lui en offrez pas pendant un certain temps et essayez à nouveau après quelques semaines. Il se peut qu'il change complètement d'idée la deuxième fois.

Souvenez-vous qu'à cet âge-là, il est normal pour les bébés d'être assez gras. Aussitôt que votre bébé se mettra à se traîner à quatre pattes et à marcher, il perdra son poids excédentaire.

LE CHOIX DES ALIMENTS

Votre bébé peut dorénavant manger des protéines comme des œufs, du fromage, des légumineuses, du poulet et du poisson. Limitez la consommation d'aliments qui peuvent être indigestes comme les épinards, les lentilles, le fromage, les baies ou les fruits citrins, et ne vous inquiétez pas si certains aliments comme les légumineuses, les pois et les raisins secs passent par le système digestif de votre enfant sans être digérés : avant deux ans, les bébés ne peuvent pas digérer entièrement l'enveloppe des légumes et la pelure des fruits. Bien sûr, peler, piler et réduire en purée les fruits et légumes aidera à les rendre plus digestes. Dans le cas d'aliments comme le pain, la farine, les pâtes et le riz, optez pour les grains entiers (plutôt que raffinés) parce qu'ils renferment davantage d'éléments nutritifs.

Lorsque votre bébé aura passé l'étape des six mois et que les aliments à texture légèrement plus grossière lui plairont, il est inutile de continuer à lui donner des céréales pour bébés. Vous pouvez lui donner des céréales pour adultes telles que gruau instantané, graham et *Chex*, qui sont tout aussi nutritives et coûtent beaucoup moins cher. Choisissez une céréale qui n'est pas surtraitée, mais faible en sucre et en sel. Bien des gens achètent des aliments pour bébés parce qu'ils sont faciles à préparer. Ils croient aussi que, compte tenu de la longue liste de vitamines et de minéraux qui apparaît sur la boîte, ils sont plus nutritifs. Or, les bébés dont l'alimentation est équilibrée et composée d'une variété d'aliments frais consomment une quantité adéquate de vitamines et de minéraux. De plus, les aliments pour bébés du commerce sont surtraités et leur texture plus fine et leurs saveurs fades nuisent au développement des papilles gustatives de votre bébé.

Méfiez-vous aussi des biscuits de dentition du commerce soi-disant «l'aliment idéal pour votre bébé»: ils renferment de grandes quantités de sucre (souvent la quantité n'est même pas spécifiée dans la liste des ingrédients). Donnez à votre bébé du pain grillé à mâchouiller ou préparez la recette de biscuits de dentition sous la rubrique des recettes d'aliments à prendre avec les doigts pour les bébés de neuf à douze mois (page 76).

Fruits

Votre bébé devrait être en mesure maintenant de consommer tous les fruits, et les fruits frais autant que les fruits séchés font d'excellentes collations. Les fruits contiennent différentes vitamines; veillez donc à lui en offrir une grande variété. Les fruits séchés sont également une bonne source d'autres éléments nutritifs et d'énergie. Assurez-vous de les dénoyauter avant de les lui donner et n'offrez pas de raisins entiers aux bébés car ils risquent de s'étouffer.

La vitamine C favorise l'absorption du fer; il est donc important d'inclure des fruits citrins et des baies qui sont riches en vitamine C dans l'alimentation de votre enfant. Du jus d'orange dilué dans des céréales le matin est une bonne idée. Le jus d'orange se combine bien aux aliments tels que les carottes, le poisson et le foie.

Au début, donnez à bébé de petites quantités de baies et de fruits citrins car ils peuvent être indigestes et les bébés peuvent avoir de mauvaises réactions. Mélangez-les plutôt à d'autres fruits tels que pommes, bananes, poires ou pêches. Les kiwis peuvent entraîner une réaction allergique chez les enfants plus jeunes. Ceci se produit rarement, mais surveillez bien votre bébé lorsqu'il en consomme, surtout s'il y a des antécédents familiaux d'allergies ou, par exemple, de l'eczéma ou de l'asthme dans la famille.

Légumes

Votre bébé peut maintenant consommer tous les légumes, mais si certaines saveurs — comme celle des épinards ou du brocoli — sont trop prononcées, mélangez-les avec une sauce au fromage ou avec des légumes-racines comme de la patate douce, des carottes ou des pommes de terre. Les combinaisons légumes et fruits sont aussi excellentes — essayez courge musquée et pommes, ou épinards et poires. Les légumes cuits à la vapeur comme les bâtonnets de carottes ou les petits bouquets de chou-fleur se mangent très bien avec les doigts.

Les légumes surgelés sont soumis au processus de congélation à peine quelques heures après leur cueillette; ils conservent souvent autant de nutriments que les légumes frais. Ils conviennent très bien à la préparation de purées pour bébés et, une fois cuits, peuvent être recongelés.

Œufs

Les œufs sont une excellente source de protéines et contiennent aussi du fer et du zinc. Les bébés peu-

vent en consommer dès l'âge de six mois, mais ne les servez pas crus ou mollets à des bébés de moins d'un an compte tenu du risque de salmonelle. Le blanc et le jaune doivent être cuits jusqu'à ce qu'ils soient fermes. Les œufs durs, les omelettes et les œufs brouillés bien cuits se préparent rapidement et sont nutritifs.

Poisson

Un grand nombre d'enfants développent en grandissant une aversion pour le poisson, souvent parce qu'ils le trouvent fade et ennuyeux. Vous pouvez remédier à ce problème en le combinant à des saveurs plus relevées comme du fromage ou des fines herbes. Si votre enfant a hâte de s'asseoir à table pour un repas de poisson, vous pouvez être très fier de vous.

Les poissons gras comme le saumon, le maquereau, le thon frais et les sardines sont particulièrement importants pour le développement du cerveau et des yeux. Idéalement, votre bébé devrait consommer du poisson deux fois par semaine.

Le poisson trop cuit est caoutchouteux et fade. La cuisson idéale du poisson est lorsqu'il se défait aisément sous les dents d'une fourchette, mais qu'il est encore ferme. Vérifiez qu'il n'y a pas d'arêtes avant de le servir.

Viande

Le poulet constitue la viande idéale à servir en premier lieu. Il se mélange bien aux légumes-racines comme les carottes et la patate douce qui donnent à la purée de poulet une texture lisse. Le poulet se combine bien aussi aux fruits comme les pommes et les raisins. Le bouillon de poulet maison est à la base de plusieurs recettes ; je recommande donc d'en préparer de grandes quantités. Il se conserve au réfrigérateur de 3 à 4 jours.

Le fer est important au développement du cerveau ; les bébés requièrent les plus grandes quantités de fer entre l'âge de six mois et deux ans. L'anémie causée par une carence en fer est le problème nutritionnel le plus courant pendant les premières années de l'enfance, mais les symptômes sont parfois difficiles à reconnaître. Votre bébé peut être plus fatigué et pâle et plus sujet à souffrir d'infection, ou sa croissance et son développement peuvent sembler ralentir. La viande rouge constitue la meilleure source de fer, surtout le foie qui est idéal pour les bébés à cause de sa texture moelleuse et sa facilité à être digéré. Les bébés repoussent souvent les viandes rouges parce qu'ils les trouvent difficiles à mastiquer. Essayez de les combiner à des légumes-racines ou à des pâtes qui aident à obtenir une texture beaucoup plus lisse et plus facile à avaler.

Pâtes

Les pâtes alimentaires comptent parmi les aliments préférés des bébés et des bambins. Elles sont une bonne source de glucides. Pour inciter bébé à mâcher, ajoutez de petites pâtes de différentes formes à sa purée à partir de l'âge de huit mois. Plusieurs purées de légumes font d'excellentes sauces pour pâtes auxquelles vous pouvez ajouter un peu de fromage râpé. Vous pouvez acheter de petites pâtes de différentes formes ou hacher des spaghettis. Essayez aussi le couscous dont la texture tendre est idéale pour les bébés. Il cuit rapidement et se marie bien au poulet et aux légumes en dés.

TEXTURES

Évitez de donner à votre bébé des purées lisses trop longtemps parce qu'il est important qu'il apprenne à mâcher. Lorsque les dents commencent à pousser, donnez à votre bébé des purées plus grossières ainsi que des aliments râpés, pilés et hachés finement. Au début, les bébés refusent souvent de manger des aliments qui ont des grumeaux. Dans ce cas, essayez d'ajouter des pâtes aux purées, tel qu'il est mentionné ci-dessus, ou donnez-leur des légumes cuits à la vapeur ou des fruits comme aliments qu'ils peuvent facilement manger avec les doigts.

FRUITS

Banane en fête

Les bébés adorent les bananes et cette recette est délicieuse.
Succulente servie avec de la crème glacée à la vanille.

DONNE 1 PORTION

5 ml (1 c. à thé) de beurre
1 petite banane, pelée et tranchée

une pincée de cannelle moulue
30 ml (2 c. à soupe) de jus d'orange frais

Faites fondre le beurre dans un petit poêlon. Ajoutez, en remuant, les tranches de banane, saupoudrez d'un peu de cannelle et faites revenir 2 minutes. Versez le jus d'orange frais et poursuivez la cuisson 2 minutes. Pilez à l'aide d'une fourchette.

Banane et bleuets (myrtilles)

Les bananes se marient bien à de nombreux fruits. Essayez-en aussi avec les pêches, les mangues, les abricots séchés ou les prunes. Vous pouvez aussi mélanger vos combinaisons banane et autre fruit avec du yogourt nature entier. Servez la purée aussitôt prête avant que la banane ne brunisse.

DONNE 1 PORTION

65 ml (¹/4 de tasse) de bleuets (myrtilles)
15 ml (1 c. à soupe) d'eau

1 petite banane mûre, pelée et tranchée

Mettez les bleuets (myrtilles) et l'eau dans une casserole et faites cuire environ 2 minutes ou jusqu'à ce que les fruits commencent à fendre. Mélangez à l'aide d'un batteur à main, avec la banane tranchée, jusqu'à consistance lisse.

Purée de pêche, pomme et fraises

Vous pouvez aussi préparer une purée de pomme, fraises et bleuets (myrtilles) en remplaçant la pêche par 65 ml (¼ de tasse) de bleuets (myrtilles).

DONNE 2 PORTIONS

1 grosse pomme, pelée, cœur enlevé et hachée
1 grosse pêche mûre, pelée,
dénoyautée et hachée

190 ml (¾ de tasse) de fraises
coupées en deux
15 ml (1 c. à soupe) de riz pour bébés

Faites cuire les morceaux de pomme à la vapeur environ 4 minutes. Ajoutez les morceaux de pêche et les moitiés de fraises dans l'étuveuse et poursuivez la cuisson environ 3 minutes. Réduisez les fruits cuits en une purée lisse et ajoutez, en remuant, le riz pour bébés.

Pêche et riz

Vous pouvez également combiner le riz cuit à d'autres fruits comme des abricots séchés (hachés et cuits à la vapeur avec le riz), ou des prunes cuites avec un peu de sucre.

DONNE 2 PORTIONS

15 ml (1 c. à soupe) de riz brun en flocons
160 ml (5 oz) de lait
1 pêche mûre, pelée, dénoyautée et hachée

Mettez le riz et le lait dans une petite casserole. Faites cuire à feu doux, en remuant, 5 minutes ou jusqu'à ce que le mélange bouille et épaississe. Laissez mijoter 5 minutes et ajoutez les morceaux de pêche. Réduisez en purée pour les bébés plus jeunes.

Purée d'abricots, pomme et pêche

Les abricots séchés sont une forme concentrée de nutriments. Ils sont riches en fer, en potassium et en bêta-carotène, et les bébés aiment leur saveur sucrée.

DONNE 5 PORTIONS

170 ml (²/3 de tasse) d'abricots séchés, prêts à manger
2 pommes à dessert, pelées, cœurs enlevés et hachées

1 grosse pêche mûre, pelée, dénoyautée et hachée, ou 1 poire mûre, pelée, cœur enlevé et hachée

Mettez les abricots dans une petite casserole et couvrez d'eau. Faites cuire à feu doux 5 minutes. Ajoutez les morceaux de pommes et poursuivez la cuisson 5 minutes. Réduisez en purée avec la pêche ou la poire.

Yogourt et fruits

Il est important de veiller à ce qu'en plus de consommer des fruits et des légumes, votre bébé absorbe une quantité suffisante de gras. Des recettes comme les légumes en sauce au cheddar et des fruits mélangés à du yogourt grec sont excellentes pour votre bébé.

DONNE 1 PORTION

1 fruit frais, par exemple 1 pêche mûre, 1 petite mangue, ou une combinaison de mangue et de banane

30 ml (2 c. à soupe) de yogourt nature de lait entier
un peu de sirop d'érable (facultatif)

Pelez le fruit, dénoyautez-le au besoin, pilez la chair et mélangez au yogourt. Sucrez d'un peu de sirop d'érable si nécessaire.

Gelée aux fruits maison

Il est facile de préparer de la gelée avec de délicieux jus de fruits et des fruits frais. Pour ma part, je préfère utiliser 4 feuilles de gélatine au lieu de la poudre (voir la méthode ci-dessous). Je vous recommande donc de l'essayer.

DONNE 4 PORTIONS

625 ml (2 ¹/₂ tasses) de jus de canneberges (airelles) et framboises
1 sachet de gélatine en poudre

30 ml (2 c. à soupe) de sucre superfin
250 ml (1 tasse) de framboises fraîches

Versez la moitié de la quantité de jus dans une petite casserole et faites chauffer jusqu'au point d'ébullition. Retirez du feu et ajoutez, en remuant, la gélatine en poudre et le sucre jusqu'à dissolution complète. S'ils ne sont pas entièrement dissous, remettez à feu doux et remuez en évitant de faire bouillir. Versez dans le reste de jus de fruits froid et ensuite dans un plat de service ; ajoutez les framboises. Réfrigérez jusqu'à ce que la gelée soit prise.

☺ ☹

Gelée à l'orange sanguine

Les feuilles de gélatine fondent très facilement et font d'excellentes gelées.

DONNE 4 PORTIONS

4 feuilles de gélatine
625 ml (2 ¹/₂ tasses) de jus d'orange sanguine frais

45 ml (3 c. à soupe) de sucre superfin

Brisez les feuilles de gélatine dans un plat peu profond (utilisez 6 feuilles si vous vous servez d'un moule). Ajoutez-leur 90 ml (¹/₃ de tasse) de jus. Faites chauffer le reste du jus jusqu'à ce qu'il soit très chaud, sans qu'il ne bouille, et incorporez, en remuant, le sucre jusqu'à dissolution. Retirez du feu. Petit à petit, retirez les feuilles de gélatine ramollies du plat et ajoutez-les dans le jus chaud en remuant ; les feuilles vont se dissoudre. Ajoutez, en remuant, le jus qui reste dans le plat ; laissez tiédir. Versez le mélange dans un bol, des verres individuels ou un moule à gelée. Réfrigérez jusqu'à ce que la gelée soit prise.

☺ ☹

LÉGUMES

Lentilles aux légumes

Les lentilles sont une source économique de protéines. Elles procurent aussi du fer, un élément très important du développement du cerveau, surtout entre six mois et deux ans. Les lentilles peuvent être difficiles à digérer pour les bébés et devraient être combinées à une grande quantité de légumes frais comme dans la recette ci-dessous. Cette délicieuse purée constitue aussi une savoureuse soupe pour toute la famille — il suffit d'y ajouter plus de bouillon et des assaisonnements.

DONNE 8 PORTIONS

^{1}/$_4$ d'un petit oignon, haché finement
250 ml (1 tasse) de carottes, hachées
65 ml (^{1}/$_4$ de tasse) de céleri, haché
15 ml (1 c. à soupe) d'huile végétale
65 ml (^{1}/$_4$ de tasse) de lentilles rouges cassées

440 ml (1 ^{3}/$_4$ tasse) de patates douces, pelées et hachées
440 ml (1 ^{3}/$_4$ tasse) de bouillon de légumes ou de poulet (voir recettes aux pages 33 ou 62) ou de l'eau

Faites revenir l'oignon, les carottes et le céleri dans l'huile végétale environ 5 minutes ou jusqu'à ce qu'ils soient ramollis. Ajoutez les lentilles et la patate douce ; versez le bouillon ou l'eau. Portez à ébullition, réduisez le feu, couvrez et laissez mijoter 20 minutes. Réduisez en purée au mélangeur.

Tomates et carottes au basilic

Si vous offrez à votre bébé de nouvelles saveurs lorsqu'il est tout petit,
vous multipliez les chances qu'il soit moins capricieux plus tard.

DONNE 4 PORTIONS

285 ml (9 oz) de carottes, pelées et tranchées
250 ml (1 tasse) de bouquets de chou-fleur
25 ml (1 ¹/₂ c. à soupe) de beurre

220 ml (7 oz) de tomates mûres, pelées,
épépinées et hachées grossièrement
2 à 3 feuilles de basilic frais
125 ml (¹/₂ tasse) de cheddar, râpé

Mettez les tranches de carottes dans une petite casserole, couvrez-les d'eau bouillante, mettez le couvercle et laissez mijoter 10 minutes. Ajoutez le chou-fleur, couvrez et faites cuire 7 à 8 minutes, en ajoutant de l'eau au besoin. Pendant ce temps, faites fondre le beurre, ajoutez les tomates et faites revenir jusqu'à ce qu'elles soient ramollies. Incorporez, en remuant, les feuilles de basilic et le fromage jusqu'à ce qu'il soit fondu. Réduisez en purée les carottes et le chou-fleur avec environ 45 ml (3 c. à soupe) du liquide de cuisson et la sauce tomate.

Patate douce au four à l'orange

Les patates douces sont excellentes cuites au four conventionnel ou au micro-ondes, et combinées à des fruits tels que de la purée de pommes ou de pêches. Elles sont une bonne source de glucides, de vitamines et de minéraux.

DONNE 8 PORTIONS

1 patate douce, brossée
30 ml (2 c. à soupe) de jus d'orange frais

30 ml (2 c. à soupe) de lait

Faites cuire la patate douce sur une tôle à biscuits dans un four à 200 °C (400 °F) environ 1 heure ou jusqu'à ce qu'elle soit tendre. Laissez tiédir légèrement et retirez-en la chair à l'aide d'une cuiller. Réduisez en purée ou pilez avec le jus d'orange et le lait jusqu'à consistance lisse.

Patate douce, épinards et pois

Cette purée est une délicieuse introduction aux épinards pour votre bébé.

DONNE 5 PORTIONS

20 ml (1 ¼ c. à soupe) de beurre
190 ml (³/4 de tasse) de poireau,
haché finement
1 patate douce d'environ 400 g (13 oz),
pelée et hachée

220 ml (7 oz) d'eau
125 ml (¹/2 tasse) de pois surgelés
125 ml (¹/2 tasse) d'épinards miniatures
frais, lavés et tiges rigides retirées

Faites fondre le beurre dans une casserole et faites revenir le poireau 2 à 3 minutes, ou jusqu'à ce qu'il soit ramolli. Ajoutez la patate douce. Ajoutez l'eau, portez à ébullition, couvrez et laissez mijoter 7 à 8 minutes. Ajoutez les pois et les épinards et faites cuire 3 minutes. Réduisez les légumes en purée dans un mélangeur jusqu'à l'obtention de la consistance désirée pour votre bébé.

Purée de légumes doux

Bien que les légumes tels le maïs et les pois aient un goût sucré qui plaît aux bébés, ils devraient tout de même être réduits en purée à l'aide d'un moulin parce que leur enveloppe est indigeste.

DONNE 3 PORTIONS

65 ml (¹/4 de tasse) d'oignon, haché
190 ml (³/4 de tasse) de carottes, pelées et hachées
15 ml (1 c. à soupe) d'huile d'olive
300 ml (1 ¼ tasse) de pommes de terre,
pelées et hachées

220 ml (7 oz) d'eau
30 ml (2 c. à soupe) de grains de maïs
surgelés
15 ml (1 c. à soupe) de pois surgelés

Faites frire l'oignon et les carottes doucement dans l'huile 5 minutes. Incorporez les pommes de terre, ajoutez l'eau, portez à ébullition, couvrez et laissez mijoter 10 minutes. Ajoutez le maïs et les pois et laissez mijoter environ 5 minutes. Réduisez en purée à l'aide d'un moulin.

Trio de chou-fleur, poivron rouge et maïs

Les bébés aiment les couleurs vives et le goût sucré naturel de ces légumes.
Veillez à toujours passer le maïs au moulin pour les jeunes bébés afin
d'éliminer les enveloppes coriaces.

DONNE 4 PORTIONS

250 ml (1 tasse) de petits bouquets de chou-fleur
125 ml (¹/2 tasse) de lait

125 ml (¹/2 tasse) de cheddar, râpé
125 ml (¹/2 tasse) de poivron rouge, haché
125 ml (¹/2 tasse) de grains de maïs surgelés

Mettez le chou-fleur dans une petite casserole avec le lait et faites cuire à feu doux environ 8 minutes ou jusqu'à ce qu'il soit tendre. Incorporez, en remuant, le cheddar râpé jusqu'à ce qu'il soit fondu. Pendant ce temps, faites cuire à la vapeur ou dans de l'eau le poivron et le maïs dans une petite casserole environ 6 minutes ou jusqu'à ce qu'ils soient tendres. Égouttez le maïs et le poivron. Réduisez en purée avec le chou-fleur, le lait et le fromage à l'aide d'un moulin à légumes.

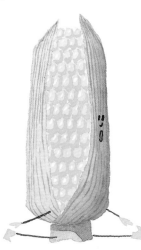

Chou-fleur au fromage

C'est un des plats préférés des tout-petits. Essayez avec différents fromages
(ou une combinaison) pour trouver celui que préfère votre bébé.
La sauce au fromage accompagne bien aussi une jardinière de légumes.

DONNE 5 PORTIONS

*375 ml (1 ¹/₂ tasse) de chou-fleur
en fleurettes*

*Sauce au fromage
15 g (1 c. à soupe) de margarine
15 ml (1 c. à soupe) de farine
150 ml (5 oz) de lait
125 ml (¹/₂ tasse) de fromage râpé : cheddar,
édam ou gruyère*

Lavez soigneusement le chou-fleur et cuisez à la vapeur environ 10 minutes,
pour attendrir. Pour la sauce, faites fondre la margarine à feu doux dans une
casserole à fond épais, puis incorporez la farine. Ajoutez le lait et remuez jusqu'à
épaississement. Retirez la casserole du feu et incorporez le fromage. Remuez pour
bien faire fondre le fromage et obtenir une sauce homogène.

Ajoutez le chou-fleur à la sauce et, pour les bébés plus jeunes, réduisez en purée
au mélangeur. Pour les bébés plus âgés, écrasez à la fourchette ou hachez en petits
morceaux.

☺ ☹ ❄

Gratin de courgettes

Cette purée crémeuse se prépare également très bien avec
des haricots verts ou du brocoli.

DONNE 6 PORTIONS

1 pomme de terre moyenne d'environ 125 g
(1/4 de lb), pelée et hachée
375 ml (1 1/2 tasse) de courgettes, tranchées

un peu de beurre
95 ml (1/3 de tasse) de cheddar ou de suisse, râpé
60 ml (1/4 de tasse) de lait

Faites cuire la pomme de terre dans de l'eau bouillante jusqu'à ce qu'elle soit tendre. Faites cuire à la vapeur les courgettes 8 minutes. Égouttez la pomme de terre, ajoutez le beurre et le fromage, et remuez jusqu'à ce qu'ils soient fondus. Réduisez en purée le mélange de pomme de terre, de courgettes et le lait à l'aide d'un mélangeur à main électrique.

Purée de poireaux
et pommes de terre

Cette purée de légumes était la préférée de Lara. Elle donne une excellente
soupe pour adultes lorsqu'on y ajoute des assaisonnements.

DONNE 4 PORTIONS

30 ml (2 c. à soupe) de beurre
400 ml (1 1/2 tasse) de poireaux, tranchés finement
565 ml (2 1/4 tasses) de pommes de terre,
pelées et hachées

300 ml (1 1/4 tasse) de bouillon de poulet
(voir à la page 62)
30 ml (2 c. à soupe) de yogourt grec

Faites chauffer le beurre dans une casserole à fond épais. Ajoutez les poireaux et faites cuire à feu doux 10 minutes ou jusqu'à ce qu'ils soient ramollis, en remuant de temps à autre. Ajoutez les cubes de pommes de terre et le bouillon, couvrez et laissez mijoter 25 à 30 minutes, jusqu'à ce qu'elles soient tendres. Réduisez en purée et ajoutez le yogourt grec.

Soupe de courgettes et de pois

La première fois que j'ai essayé cette combinaison de légumes,
la purée de bébé était tellement bonne que j'ai aussi préparé une délicieuse
soupe pour le reste de la famille. Il suffit d'augmenter les quantités
et d'ajouter davantage de bouillon et des assaisonnements.

DONNE 4 PORTIONS

1/2 oignon, pelé et haché finement
15 ml (1 c. à soupe) de beurre ou
de margarine
125 ml (1/2 tasse) de courgettes, parées
et coupées en tranches minces

1 pomme de terre moyenne d'environ
150 g (5 oz), pelée et hachée
125 ml (1/2 tasse) de bouillon de poulet ou
de légumes (voir recette à la page 62)
65 ml (1/4 de tasse) de pois surgelés

Faites revenir l'oignon dans le beurre ou la margarine jusqu'à ce qu'il soit ramolli. Ajoutez les courgettes, la pomme de terre et le bouillon. Portez à ébullition, couvrez et laissez mijoter doucement 12 minutes. Ajoutez les pois surgelés, portez à ébullition, baissez le feu et laissez cuire 5 minutes. Réduisez en purée dans un mélangeur.

☺	☹	❄

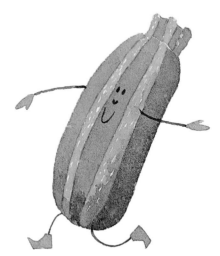

Minestrone

Les légumes de cette soupe ajoutent de la consistance, mais sont agréables et tendres à mâcher pour votre bébé. Or, pour les bébés plus jeunes, vous pourriez passer cette soupe au mélangeur jusqu'à l'obtention de la consistance souhaitée. Ajoutez-y un peu d'assaisonnement et plus de bouillon pour obtenir une délicieuse soupe pour le reste de la famille.

DONNE 4 PORTIONS D'ADULTE OU 12 PORTIONS DE BÉBÉ

15 ml (1 c. à soupe) d'huile végétale
1/2 petit oignon, pelé et haché finement
1/2 poireau, partie blanche seulement, lavée et hachée finement
1 carotte moyenne, pelée et coupée en dés
1/2 branche de céleri, coupée en dés
250 ml (1 tasse) de haricots verts, coupés en morceaux de 1,25 cm (1/2 po)
1 pomme de terre, pelée et coupée en dés

15 ml (1 c. à soupe) de persil frais, haché finement
10 ml (2 c. à thé) de concentré de tomate
1,25 litre (5 tasses) de bouillon de poulet ou de légumes (voir recette aux pages 62 et 33)
45 ml (3 c. à soupe) de pois surgelés
85 ml (1/3 de tasse) de très petites pâtes alimentaires

Faites chauffer l'huile dans un poêlon et faites revenir l'oignon et le poireau 2 minutes. Ajoutez ensuite la carotte, le céleri, les haricots verts, la pomme de terre et le persil et faites revenir 4 minutes. Incorporez, en remuant, le concentré de tomate et faites cuire 1 minute. Versez le bouillon de poulet ou de légumes, couvrez et laissez mijoter 20 minutes. Ajoutez les pois surgelés et les pâtes et faites cuire 5 minutes (vérifiez la durée de cuisson des pâtes sur l'emballage).

POISSON

Plie avec tomates et pomme de terre

Ceci donne une délicieuse purée de poisson crémeuse.

DONNE 4 PORTIONS

1 filet de plie, sans peau
2 tomates moyennes, pelées,
épépinées et hachées
un peu de margarine ou de beurre

1 feuille de laurier
150 ml (5 oz) de lait
1 petite pomme de terre, pelée

Préchauffez le four à 180 °C (350 °F). Mettez la plie dans un plat à four, puis couvrez avec tomates, noix de beurre et feuille de laurier. Versez dessus presque tout le lait. Couvrez d'une feuille d'aluminium et mettez 20 minutes au four (ou au four micro-ondes, avec un couvercle, 3 minutes à haute intensité).

Pendant que le poisson cuit, faites bouillir la pomme de terre, puis écrasez-la avec le reste du lait et de la margarine. Quand le poisson est cuit, défaites en morceaux, enlevez la feuille de laurier et réduisez en purée avec le jus de cuisson. Vous pouvez y incorporer la purée de pomme de terre ou la servir comme plat d'accompagnement.

☺ ☹ ❄

Filet de plie sauce au fromage

Poisson et fromage sont une excellente combinaison qui plaît à coup sûr.
Ajoutez-y de la ciboulette pour raviver une vieille recette.

DONNE 6 PORTIONS

180 g (6 oz) de plie, filetée et sans peau
45 ml (3 c. à soupe) de lait
1 feuille de laurier
un peu de beurre

Sauce au fromage
30 ml (2 c. à soupe) de beurre
30 ml (2 c. à soupe) de farine
190 ml (³/4 de tasse) de lait
190 ml (³/4 de tasse) de cheddar, râpé
5 ml (1 c. à thé) de ciboulette ciselée ou
du persil haché

Mettez le filet de plie dans un plat approprié avec le lait et la feuille de laurier ; parsemez du beurre. Couvrez et faites cuire au micro-ondes à intensité maximale environ 4 minutes. Le filet peut également être poché dans du lait, dans une casserole, jusqu'à ce qu'il soit cuit.

Pour préparer la sauce, faites fondre le beurre et ajoutez la farine, en remuant. Faites cuire une minute et incorporez le lait au fouet ; faites cuire à feu doux jusqu'à l'obtention d'une béchamel onctueuse. Portez à ébullition et laissez mijoter 1 minute, en remuant sans arrêt. Retirez du feu et incorporez le fromage en brassant jusqu'à ce qu'il soit fondu. Ajoutez la ciboulette ou le persil.

Effeuillez le poisson en veillant à ce qu'il n'y ait pas d'arêtes. Ajoutez le poisson à la sauce au fromage et passez dans un moulin ou pilez ou réduisez en purée dans un mélangeur.

☺ ☹ ❄

Filet de plie aux épinards et au fromage

Les légumes surgelés sont une bonne alternative aux légumes frais et s'avèrent souvent plus nutritifs que ceux que l'on conserve plusieurs jours au réfrigérateur.

DONNE 8 PORTIONS

240 g (¹/2 lb) de plie, filetée et sans peau
15 ml (1 c. à soupe) de lait
1 feuille de laurier
quelques grains de poivre
un peu de beurre
250 ml (1 tasse) d'épinards frais OU
125 ml (¹/2 tasse) d'épinards surgelés

Sauce au fromage
30 ml (2 c. à soupe) de beurre
30 ml (2 c. à soupe) de farine
190 ml (³/4 de tasse) de lait
125 ml (¹/2 tasse) de fromage suisse, râpé

Mettez le filet de plie dans un plat approprié avec le lait, la feuille de laurier, les grains de poivre et le beurre. Faites cuire au micro-ondes à intensité maximale environ 3 minutes, ou faites pocher dans une casserole 3 à 4 minutes dans le lait prévu pour la sauce (passez le lait ensuite et utilisez pour faire la sauce). Pendant ce temps, faites cuire les épinards frais dans une casserole avec un tout petit peu d'eau environ 3 minutes. Exprimez l'excès d'eau. Préparez la sauce au fromage (voir recette de la page 59). Jetez la feuille de laurier et les grains de poivre, effeuillez le poisson et réduisez en purée avec les épinards et la sauce au fromage.

Filet de morue et patate douce

La chair de la patate douce est une excellente source de bêta-carotène qui contribue peut-être à prévenir certains types de cancer. Parce que le goût de la patate douce plaît aux bébés, la présente recette constitue une bonne introduction au poisson.

DONNE 8 PORTIONS

500 ml (2 tasses) de patates douces, pelées
90 g (3 oz) de morue, filetée et sans peau
30 ml (2 c. à soupe) de lait

un peu de beurre
le jus d'une orange

Mettez la patate douce dans une casserole, couvrez à peine d'eau, portez à ébullition, et laissez mijoter, à couvert, 20 minutes ou jusqu'à ce qu'elle soit tendre. Mettez le poisson dans un plat approprié, ajoutez le lait, parsemez de beurre, couvrez et faites cuire au micro-ondes à intensité maximale 2 minutes ou jusqu'à ce que le poisson soit cuit. Le filet peut également être poché dans du lait et du beurre 6 à 7 minutes. Mettez les patates douces cuites, le poisson égoutté et le jus d'orange dans un mélangeur et réduisez en purée jusqu'à consistance lisse.

Filet de poisson à la sauce à l'orange

L'une des recettes de poisson préférées de ma famille. Ne soyez pas étonné par la combinaison inhabituelle : le goût est merveilleusement riche.

DONNE 5 PORTIONS

240 g (¹/2 lb) de poisson blanc, fileté et sans peau
le jus d'une orange
125 ml (¹/2 tasse) de cheddar, râpé

30 ml (2 c. à soupe) de persil frais, finement haché
250 ml (1 tasse) de flocons de maïs (Corn Flakes), écrasés
un peu de margarine

Mettez le poisson dans un plat graissé, ajoutez-y le jus d'orange, le fromage, le persil et les flocons de maïs, et parsemez de margarine. Couvrez de papier d'aluminium et faites cuire au four préchauffé à 180 °C (350 °F) environ 20 minutes. Le poisson peut aussi être cuit au micro-ondes dans un plat avec couvercle, à intensité maximale, 4 minutes.

Effeuillez soigneusement le poisson tout en veillant à ce qu'il n'y ait pas d'arêtes et pilez le tout avec le liquide de cuisson.

POULET

Bouillon de poulet et
ma première purée de poulet

Les cubes de bouillon de poulet ne conviennent pas aux bébés de moins d'un an compte tenu de leur teneur élevée en sel. Voilà pourquoi je préfère préparer du bouillon de poulet moi-même et m'en servir comme base pour les purées de poulet et de légumes. Il se garde au réfrigérateur 3 jours. Pour les bébés de plus d'un an, vous pouvez ajouter 3 cubes de bouillon de poulet pour obtenir un goût plus prononcé. Au lieu de faire bouillir une volaille, vous pouvez vous servir de la carcasse d'un poulet rôti.

DONNE ENVIRON 4 LITRES (16 TASSES)

1 grosse volaille à bouillir, avec les abats
4 litres (16 tasses) d'eau
2 panais
3 grosses carottes
2 poireaux

2 gros oignons
1 branche de céleri
2 brins de persil frais
1 sachet de bouquet garni

Coupez le poulet en 8 morceaux en enlevant tout excès de gras. Parez, pelez et lavez les légumes. Mettez les morceaux de poulet dans une grande marmite avec les abats. Couvrez des 4 litres (16 tasses) d'eau, portez à ébullition et écumez la surface du bouillon pendant la cuisson. Ajoutez les légumes, le persil et le sachet de bouquet garni, et laissez mijoter environ 3 heures. Il est préférable de retirer les poitrines de poulet après environ 1 ½ heure de cuisson si elles vont être mangées, sinon, elles risquent d'être desséchées. Laissez le bouillon refroidir au réfrigérateur toute la nuit et retirez le gras figé à la surface le lendemain matin. Passez le poulet et les légumes dans une passoire pour obtenir le bouillon de poulet. Rectifiez l'assaisonnement.

Vous pouvez réduire en purée une partie de la poitrine de poulet dans un moulin avec certains des légumes avec lesquels le poulet a cuit et du bouillon pour obtenir une purée de poulet et légumes.

Poulet et fromage cottage

Les bébés de cet âge sont trop jeunes pour manger des morceaux de poulet entiers. Cette recette et les deux suivantes transforment le poulet froid en repas délicieux pour eux.

DONNE 6 PORTIONS

50 g (2 oz) de poulet cuit désossé, haché
15 ml (1 c. à soupe) de yogourt nature

25 ml (1 ¹/₂ c. à soupe) de fromage cottage
avec ananas

Mélangez ensemble poulet, yogourt et fromage cottage. Passez le tout à la moulinette pour faire une purée homogène.

Poulet au panais et aux haricots verts

Si cette recette doit être congelée, ne réduisez pas le poulet et les légumes en purée avant qu'ils n'aient refroidi. Il est important d'éviter de réchauffer le poulet.

DONNE 5 PORTIONS

125 ml (¹/₂ tasse) de panais, pelé et tranché
250 ml (1 tasse) de patate douce, pelée et hachée
65 ml (¹/₄ de tasse) de haricots verts, parés et équeutés

45 g (1 ¹/₂ oz) de poulet désossé, cuit
60 ml (¹/₄ de tasse) de bouillon de poulet
(voir recette à la page 62) ou de lait

Mettez les légumes dans une casserole, couvrez-les d'eau, portez à ébullition, mettez le couvercle et laissez mijoter jusqu'à ce qu'ils soient tendres. Égouttez et réduisez en purée avec le poulet et le bouillon ou le lait.

Poulet, patate douce et pomme

Une combinaison qui donne une purée à la consistance lisse
et au goût sucré qui plaît aux bébés.

DONNE 4 PORTIONS

15 ml (1 c. à soupe) de beurre
85 ml (1/3 de tasse) d'oignon, haché
120 g (1/4 de lb) de poitrine de poulet, hachée
1/2 pomme à dessert, pelée et hachée

1 patate douce d'environ 330 g (11 oz),
pelée et hachée
250 ml (1 tasse) de bouillon de poulet
(voir recette à la page 62)

Faites fondre le beurre dans une casserole, ajoutez l'oignon et faites revenir 2 à 3 minutes. Ajoutez le poulet et faites revenir jusqu'à ce qu'il devienne opaque. Ajoutez la demi-pomme, la patate douce et le bouillon. Portez à ébullition, couvrez et laissez mijoter 15 minutes. Réduisez en purée jusqu'à l'obtention de la consistance désirée.

☺ ☹ ❄

Purée de salade de poulet

Une recette des plus simples… Pour les bambins, hachez les ingrédients en
omettant le yogourt et mélangez-les à un peu de mayonnaise.

DONNE 1 PORTION

30 g (1 oz) de poulet désossé, cuit
1 tranche de concombre, pelée et hachée
1 petite tomate, pelée, épépinée et hachée
60 g (2 oz) d'avocat, pelé et haché
4 raisins sans pépins, pelés
15 ml (1 c. à soupe) de yogourt nature

Mettez tous les ingrédients dans un mélangeur et réduisez en purée jusqu'à l'obtention de la consistance souhaitée. Servez immédiatement.

☺ ☹

Poulet en sauce tomate

DONNE 12 PORTIONS

65 ml (¹/4 de tasse) d'oignon, haché
250 ml (1 tasse) de carottes, tranchées mince
25 ml (1 ¹/2 c. à soupe) d'huile végétale
1 petite poitrine de poulet, en cubes

1 pomme de terre, pelée et hachée
220 ml (7 oz) de tomates hachées en conserve
250 ml (1 tasse) de bouillon de poulet
(voir recette à la page 62)

Faites revenir l'oignon et les tranches de carottes dans l'huile jusqu'à ce qu'ils soient tendres; ajoutez le poulet et la pomme de terre et poursuivez la cuisson 3 minutes. Versez par-dessus les tomates avec le bouillon de poulet. Portez à ébullition et laissez cuire à feu doux 30 minutes ou jusqu'à ce que les morceaux de pomme de terre soient tendres. Réduisez en purée à l'aide d'un moulin ou, pour les bébés de neuf mois ou plus, hachez dans un mélangeur. Ajoutez un peu de lait pour obtenir une consistance plus lisse.

Purée facile de poulet
et de patate douce

La purée idéale pour faire découvrir le goût du poulet aux jeunes bébés.

DONNE 12 PORTIONS

¹/2 petit oignon, haché finement
15 ml (1 c. à soupe) de beurre
120 g (¹/4 de lb) de poitrine de poulet,
sans peau, désossée et coupée en cubes
1 carotte moyenne, parée et tranchée

625 ml (2 ¹/2 tasses) de patates douces,
pelées et hachées
300 ml (1 ¹/4 tasse) de bouillon de poulet
(voir recette à la page 62)

Faites revenir l'oignon dans le beurre jusqu'à ce qu'il soit tendre. Ajoutez le poulet et faites revenir 3 à 4 minutes. Ajoutez les légumes, versez le bouillon, portez à ébullition, couvrez et laissez mijoter jusqu'à ce que le poulet et les légumes soient entièrement tendres. Réduisez en purée au mélangeur.

Poulet à la citrouille et aux raisins

Le poulet combiné à la citrouille et aux raisins a un petit goût sucré
que les bébés adorent. La présente recette est très facile à faire
et se laisse avaler en un rien de temps.

DONNE 4 PORTIONS

15 ml (1 c. à soupe) de beurre non salé
125 ml (¹/2 tasse) de poireau, tranché
1 petite poitrine de poulet (ou 2 cuisses),
sans peau et désossée

500 ml (2 tasses) de citrouille, pelée et hachée
6 raisins, épépinés et pelés
190 ml (³/4 de tasse) de bouillon de poulet
(voir recette à la page 62)

Faites fondre le beurre dans une casserole et faites revenir le poireau 2 minutes. Coupez le poulet en morceaux et faites-les revenir avec le poireau 3 minutes. Ajoutez la citrouille et les raisins, versez le bouillon de poulet, couvrez et laissez mijoter 15 minutes. Réduisez en purée jusqu'à l'obtention de la consistance désirée en utilisant autant du liquide de cuisson que nécessaire.

VIANDE
Bœuf braisé aux patates douces

Les deux recettes qui suivent font une excellente introduction aux viandes rouges.

DONNE 6 PORTIONS

1 poireau, lavé et tranché
20 ml (1 1/4 c. à soupe) de beurre
120 g (1 1/4 de lb) de bœuf (ou d'agneau)
à braiser, coupé en cubes
30 ml (2 c. à soupe) de farine

625 ml (2 1/2 tasses) de patates douces,
pelées et hachées
300 ml (1 1/4 tasse) de bouillon de poulet
(voir recette à la page 62)
le jus d'une orange

Dans une grosse cocotte à l'épreuve du feu, faites fondre le poireau dans le beurre. Enfarinez la viande, ajoutez-la au poireau et faites dorer. Ajoutez les patates douces, le bouillon et le jus d'orange. Portez à ébullition, couvrez et faites cuire au four préchauffé à 180 °C (350 °F) 1 1/4 heure, ou jusqu'à ce que la viande soit tendre. Mélangez jusqu'à l'obtention de la consistance souhaitée.

Purée de foie et légumes

DONNE 6 PORTIONS

90 g (3 oz) de foie de veau, ou 2 foies de poulet
125 ml (1/2 tasse) de bouillon de poulet
(voir recette à la page 62)
125 ml (1/2 tasse) de poireau, partie
blanche seulement, hachée

85 ml (1/3 de tasse) de champignons, hachés
125 ml (1/2 tasse) de carottes, hachées
1 pomme de terre, pelée
un peu de beurre
8 ml (1/2 c. à soupe) de lait

Parez et hachez le foie et faites-le cuire dans le bouillon avec le poireau, les champignons et les carottes environ 8 minutes à feu doux. Faites bouillir la pomme de terre jusqu'à ce qu'elle soit tendre et pilez-la avec le beurre et le lait. Réduisez en purée le foie et les légumes et mélangez à la pomme de terre pilée.

PÂTES

Étoiles aux tomates et aux courgettes

Cette délicieuse sauce pour pâtes se prépare en 10 minutes ou moins.

DONNE 3 PORTIONS

65 ml (¹/4 de tasse) de pâtes en forme
d'étoile, non cuites
190 ml (³/4 de tasse) de courgettes, parées
et coupées en cubes

25 ml (1 ¹/2 c. à soupe) de beurre
3 tomates moyennes, pelées, épépinées
et hachées
65 ml (¹/4 de tasse) de cheddar, râpé

Faites cuire les pâtes selon les directives sur l'emballage ou plus longtemps pour les petits bébés. Faites revenir les courgettes dans le beurre environ 5 minutes. Ajoutez les tomates et faites cuire à feu doux 5 minutes. Retirez du feu et incorporez en brassant le fromage jusqu'à ce qu'il soit fondu. Réduisez en purée au mélangeur et ajoutez les pâtes.

Sauce aux légumes et au fromage

DONNE 3 PORTIONS DE SAUCE

160 ml (5 oz) de carottes, pelées et tranchées
95 ml (¹/3 de tasse) de brocoli
25 ml (1 ¹/2 c. à soupe) de beurre

30 ml (2 c. à soupe) de farine
190 ml (³/4 de tasse) de lait
125 ml (¹/2 tasse) de cheddar, râpé

Faites cuire à la vapeur les carottes 10 minutes ; ajoutez les bouquets de brocoli et faites cuire 7 minutes de plus. Pendant ce temps, faites fondre le beurre dans une petite casserole et ajoutez en remuant la farine pour obtenir une pâte épaisse. Ajoutez graduellement le lait, portez à ébullition et continuez de remuer jusqu'à épaississement de la sauce. Laissez mijoter 1 minute. Retirez du feu et ajoutez en remuant le fromage râpé. Ajoutez les légumes cuits à la sauce au fromage et réduisez en purée. Nappez de petites pâtes de la sauce.

Petites pâtes avec sauce bolognaise junior

Cette délicieuse recette encourage votre bébé à aimer la viande rouge.

DONNE 3 PORTIONS

15 ml (1 c. à soupe) d'huile d'olive
1 petit oignon, pelé et haché
1 gousse d'ail, pelée et écrasée
1 grosse carotte, pelée et râpée
1/2 branche de céleri, hachée finement
110 g (1/4 de lb) de bœuf haché maigre

170 ml (2/3 de tasse) de champignons, hachés
3 tomates moyennes, pelées et hachées
8 ml (1/2 c. à soupe) de concentré de tomate
190 ml (3/4 de tasse) de bouillon de poulet non salé
45 ml (3 c. à soupe) de très petites pâtes

Faites chauffer l'huile et faites revenir l'oignon, l'ail, la carotte et le céleri 5 minutes. Ajoutez le bœuf haché et faites revenir jusqu'à ce qu'il soit doré, en remuant, de temps à autre. Ajoutez les champignons et faites revenir 2 minutes. Incorporez les tomates, la pâte de tomate et le bouillon. Portez à ébullition et laissez mijoter 15 minutes. Faites cuire les pâtes selon les directives sur l'emballage. Réduisez la sauce en purée au mélangeur, égouttez les pâtes et mélangez-les à la sauce.

Sauce tomate et basilic

DONNE 2 PORTIONS DE SAUCE

15 ml (1 c. à soupe) de beurre
30 ml (2 c. à soupe) d'oignon, haché
150 g (5 oz) de tomates mûres, pelées, épépinées et hachées

2 feuilles de basilic frais, déchiquetées
10 ml (2 c. à thé) de fromage à la crème

Faites fondre le beurre dans une casserole et faites revenir l'oignon jusqu'à ce qu'il soit tendre. Ajoutez les tomates et faites revenir 3 minutes ou jusqu'à ce qu'elles soient ramollies. Ajoutez le basilic et le fromage, en remuant, et faites chauffer. Réduisez en purée dans un mélangeur.

Sauce napolitaine

Une savoureuse sauce tomate qui accompagne bien toutes les pâtes. Mes enfants adorent cette sauce servie sur des raviolis farcis à la ricotta et aux épinards.

DONNE 4 PORTIONS DE SAUCE

15 ml (1 c. à soupe) d'huile d'olive
1/2 petit oignon, pelé et haché
1/2 gousse d'ail, pelée et écrasée
125 ml (1/2 tasse) de carottes, pelées et hachées
250 ml (1 tasse) de passata *(coulis de tomates)*

45 ml (3 c. à soupe) d'eau
2 feuilles de basilic frais, grossièrement déchiquetées
5 ml (1 c. à thé) de parmesan, râpé
5 ml (1 c. à thé) de fromage à la crème

Faites chauffer l'huile d'olive et faites revenir l'oignon, l'ail et les carottes 6 minutes. Ajoutez la *passata*, l'eau, le basilic et le parmesan. Couvrez et laissez mijoter 15 minutes. Réduisez la sauce en purée et incorporez, en remuant, le fromage à la crème. Mélangez aux pâtes et servez.

Pâtes Popeye

DONNE 4 PORTIONS

500 ml (2 tasses) d'épinards surgelés ou frais, lavés et hachés
85 ml (1/3 de tasse) de petites pâtes (comme les pâtes pour les soupes), non cuites

15 ml (1 c. à soupe) de beurre
30 ml (2 c. à soupe) de lait
30 ml (2 c. à soupe) de fromage à la crème
125 ml (1/2 tasse) de fromage suisse, râpé

Faites cuire les épinards surgelés selon les directives sur l'emballage, ou faites bouillir les épinards frais dans un peu d'eau, environ 5 minutes. Exprimez l'excès d'eau. Faites cuire les pâtes selon les directives sur l'emballage. Faites fondre le beurre et faites revenir les épinards cuits. Mélangez avec le lait et les fromages et hachez fin dans un robot culinaire. Mélangez aux pâtes cuites.

MENUS DE LA DEUXIÈME ÉTAPE DU SEVRAGE

	Matin	Collation	Midi	Collation	Soir	Au coucher
Jour 1	*Chex* dans du lait Banane pilée	Lait	**Ma première purée de poulet** Pomme râpée Jus	Lait	**Purée de poireaux et pommes de terre** Purée de poires Eau ou jus	Lait
Jour 2	Gruau instantané avec lait Purée de fruits Lait	Lait	**Plie avec tomates et pommes de terre** Banane pilée Jus	Lait	**Soupe de courgettes et de pois** Yogourt Eau ou jus	Lait
Jour 3	Purée de pommes et céréales pour bébés Pain grillé Lait	Lait	**Chou-fleur au fromage** Poire râpée Jus	Lait	**Bœuf braisé aux patates douces** Biscuit de dentition Eau ou jus	Lait
Jour 4	Céréales pour bébés avec lait Purée d'abricots séchés Yogourt	Lait	**Lentilles aux légumes** Pêches et riz Jus	Lait	**Minestrone** Pain grillé Eau ou jus	Lait
Jour 5	*Chex* dans du lait **Purée de pêche, pomme et fraises**	Lait	Pâtes à la **Sauce aux légumes et au fromage** **Banane en fête** Jus	Lait	**Petites pâtes avec sauce bolognaise junior** Purée de poires Eau ou jus	Lait
Jour 6	Céréales pour bébés avec du lait **Purée de pêche, pomme et fraises**	Lait	**Tomates et carottes au basilic** **Gelée aux fruits maison** Jus	Lait	**Filet de poisson à la sauce à l'orange** Pomme Eau	Lait
Jour 7	Gruau et lait **Yogourt et fruit**	Lait	**Patate douce, épinards et pois** **Purée d'abricots, pomme et pêche** Jus	Lait	**Purée facile de poulet et de patate douce** Purée de papaye Eau ou jus	Lait

CHAPITRE QUATRE

DE NEUF
À DOUZE MOIS

Vers la fin de sa première année, bébé prend beaucoup moins de poids. Souvent, les bébés qui mangeaient bien deviennent difficiles à nourrir. Plusieurs d'entre eux vont refuser d'être nourris à la cuiller et voudront affirmer leur nouvelle indépendance en utilisant leurs mains pour manger. À l'âge de dix mois, ma fille plus âgée a connu une phase où elle refusait de manger quoi que ce soit qu'il lui était présenté dans une cuiller. Je voulais à tout prix qu'elle mange les purées que je lui confectionnais. Je lui préparais donc une variété d'aliments qu'elle pouvait prendre avec ses doigts, tels carottes cuites à la vapeur ou bâtonnets de pain grillé, que je trempais au préalable dans les purées. J'ai donc réussi à les lui faire manger et apprécier — tout le monde était content.

PATIENCE À L'HEURE DES REPAS

Laissez votre bébé donner libre cours à ses essais en lui permettant de se servir d'une cuiller. La grande majorité des aliments vont probablement aboutir sur vous ou sur le plancher, mais plus vous lui permettrez de faire ses expériences, plus il maîtrisera rapidement l'art de se nourrir par lui-même. Disposez une petite bâche de plastique sous sa chaise haute pour récupérer la nourriture. Il est probablement préférable d'avoir deux bols d'aliments, et deux cuillers : un bol dont vous vous servirez pour nourrir votre bébé et un autre (de préférence un bol qui tient par succion à la table) avec lequel votre bébé pourra s'amuser.

Il vous faudra faire preuve de beaucoup de patience à l'heure des repas car les bébés tendent à être facilement distraits pendant cette phase et vont probablement préférer jouer avec leur nourriture que la manger. Si rien ne fonctionne, attirez l'attention de votre bébé en lui donnant un petit jouet qu'il peut tenir dans ses mains ; pendant ce temps, glissez un peu de nourriture dans sa bouche à l'aide d'une cuiller : il mangera sans vraiment se rendre compte de ce qu'il fait et oubliera d'opposer de la résistance.

L'enfant de moins d'un an n'a pas besoin de boire de lait de vache. En fait de boisson, continuez de donner du lait maternisé ou du lait maternel dont la teneur en sel est beaucoup moins élevée et qui contient tous les nutriments essentiels. Or, au fur et à mesure que sa consommation d'aliments solides augmentera, le lait ne constituera plus une partie essentielle de l'alimentation de votre enfant, bien qu'il devrait continuer à consommer environ 565 ml (2 1/4 tasses) de lait par jour (ou l'équivalent en produits laitiers ou dans la cuisson). C'est une source importante de protéines et de calcium. Bon nombre de mères présument que lorsque leur bébé pleure, il veut davantage de lait. Or, plus souvent qu'autrement, les bébés de cet âge boivent *trop* de lait et ne mangent pas suffisamment d'aliments solides. Si vous remplissez l'estomac de votre bébé de lait lorsque ce qu'il désire vraiment ce sont des aliments solides, votre bébé ne sera pas très satisfait.

Si vous possédez une centrifugeuse, vous pouvez lui préparer une grande variété de jus de fruits et de légumes (essayez la combinaison pommes, fraises et bananes). Votre bébé devrait sans problème boire à la tasse à cette étape-ci. Le biberon de lait chaud devrait être réservé pour le boire à l'heure du coucher.

Votre bébé commence à percer ses dents à cet âge et, souvent, ses gencives sensibles peuvent l'empêcher de manger pendant un certain temps. Ne vous inquiétez pas : tout rentrera dans l'ordre plus tard dans la journée ou le lendemain. (Frotter du gel de dentition sur ses gencives ou lui donner quelque chose de très froid à mâchouiller peut aider à soulager la douleur et rétablir son appétit.)

C'est une bonne idée de manger un petit quelque chose vous-même pendant les repas de votre bébé. Certaines mères s'assoient face à leur bébé et tentent de le nourrir à la cuiller sans toutefois manger elles-mêmes. Les bébés sont de grands imitateurs : s'ils vous voient manger, il y a de fortes chances qu'ils apprécient davantage leur nourriture.

LES ALIMENTS À CHOISIR

Vous pouvez vous permettre un peu plus d'audace avec les aliments que vous préparez pour votre bébé. C'est une bonne idée de l'aider à prendre goût aux fines herbes et à l'ail qui sont très sains. Les enfants qui découvrent une grande variété d'aliments en bas âge tendent à être moins capricieux. Encore une fois, si votre bébé n'aime pas certains aliments, ne le forcez pas à les manger. Laissez-les plutôt de côté et présentez-les-lui à nouveau quelques jours plus tard. Variez aussi son alimentation autant que possible — elle sera ainsi plus équilibrée. Si vous donnez à votre enfant son plat préféré trop souvent, vous risquez qu'il ne veuille plus en manger du tout.

Votre bébé pourra bientôt manger des baies (mais elles doivent tout de même être passées dans un moulin lorsque bébé est très jeune pour éliminer les pépins indigestes). Les gelées de fruits plairont aux yeux, au toucher et aux papilles de votre bébé. Votre bébé appréciera les fruits et les légumes râpés.

Les poissons gras tels le saumon, les sardines et le thon frais contiennent des acides gras essentiels et du fer ; ils sont donc particulièrement bons pour la santé de votre bébé. Tous les poissons doivent évidemment être très frais. Les plats au poulet peuvent être très intéressants autant du point de vue consistance et goût, tandis que les pâtes peuvent être assez grosses pour permettre à bébé de les prendre avec ses mains (farfalles, spirales, coquilles et formes animales sont intéressantes). Augmentez la quantité par portion de pâtes à environ 125 à 190 ml ($\frac{1}{2}$ à $\frac{3}{4}$ de tasse) cuites ou 65 à 95 ml ($\frac{1}{4}$ à $\frac{1}{3}$ de tasse) non cuites.

Autant que possible, faites en sorte que les aliments aient l'air appétissants dans l'assiette. Choisissez des couleurs contrastantes et disposez les aliments de manière attrayante. Utilisez votre imagination pour façonner des petits visages ou des animaux. N'empilez pas trop de nourriture dans son assiette ; offrez-lui plutôt une deuxième portion. Votre bébé vous fera savoir bien assez vite s'il en veut ou non.

Viande

La viande rouge est bonne pour les jeunes enfants parce qu'elle est la meilleure source de fer. Si vous utilisez de la viande hachée, choisissez une viande de bonne qualité et demandez à votre boucher de la préparer au lieu d'acheter celle qui est préparée d'avance. Lorsque je fais cuire de la viande hachée pour les petits bébés, je trouve que si je la hache au robot culinaire 30 secondes, elle est beaucoup plus moelleuse et facile à mâcher. Il est préférable de ne pas donner de saucisses ou autres viandes traitées tels pâtés ou tourtières aux enfants.

CONSISTANCES ET QUANTITÉS

Il est facile de prendre l'habitude de ne donner que des aliments mous à votre bébé. Essayez plutôt de varier la consistance des aliments que vous lui offrez. Il n'est pas nécessaire de réduire en purée tous ses aliments. Les bébés n'ont pas absolument besoin d'avoir des dents pour mâcher : les gencives suffisent pour mâcher les aliments qui ne sont pas trop durs. Offrez-lui des aliments pilés (poisson), des aliments râpés (fromage), des aliments en cubes (carottes), et des morceaux entiers (du poulet, des tranches de pain grillé et des quartiers de fruits crus).

En fait de quantités, vous devez laisser l'appétit de votre bébé vous guider. Vous pouvez commencer à congeler des aliments dans de plus grands contenants de plastique et congeler les portions individuelles dans de petits ramequins. Plusieurs des repas qui composent le présent chapitre peuvent être servis à tous les membres de la famille ; dans ce cas, des portions pour adultes sont données.

Aliments à manger avec les doigts

Dès l'âge de neuf mois, votre bébé voudra probablement se nourrir lui-même. Il est donc recommandé de commencer à lui donner des aliments qu'il pourra manger facilement avec ses doigts. Les aliments qu'il peut manipuler sont excellents pour l'occuper pendant que vous lui préparez son repas (vous pourriez aussi lui préparer un repas entièrement composé d'aliments préhensibles).

Ne laissez jamais votre enfant seul pendant qu'il mange ; un enfant peut facilement s'étouffer même avec un très petit morceau d'aliment. Évitez de lui donner des noix entières, des fruits qui contiennent un noyau, des raisins entiers, des glaçons, des olives ou tout autre aliment qui pourrait rester coincé dans sa gorge.

Quoi faire si votre enfant s'étouffe

Si votre bébé s'étouffe, tenez-le sur votre avant-bras ou vos genoux le visage vers le sol et la tête plus bas que sa poitrine. Tenez sa tête d'une main et donnez-lui cinq petites tapes entre les omoplates avec votre autre main.

Fruits crus

Lorsque vous donnez des fruits à votre bébé, assurez-vous qu'ils ont été débarrassés de leur pelure et que pépins ou noyau ont été retirés. S'il les trouve difficiles à mâcher, offrez-lui des fruits qui fondent dans la bouche tels bananes, pêches ou des fruits râpés. Les baies et les fruits citrins ne devraient être donnés qu'en petites quantités au début. Retirez le maximum de la peau blanche des fruits citrins.

Bien des bébés qui percent des dents aiment mordre dans des fruits. Une banane mise au congélateur quelques heures fait un excellent outil de dentition pour les bébés. Lorsque votre bébé

DES SUGGESTIONS FRUITÉES

pomme, abricot, avocat, banane, bleuets, cerises, raisins, kiwi, mangue, melon, nectarine, orange, papaye, pêche, poire, prune, framboises, fraises, tomate

---

réussit à bien tenir ses aliments, donnez-lui de plus gros morceaux de fruits et incitez-le à en couper de petits morceaux avec ses dents. (Mais ne le laissez pas *cacher* ses morceaux dans sa bouche — il m'est arrivé à quelques reprises de devoir ouvrir la bouche de mon fils pour en retirer des morceaux qu'il refusait d'avaler !) Si votre bébé n'a que quelques dents, des fruits râpés sont préférables.

Fruits séchés

Ils sont une bonne source de fibres, de fer et d'énergie. Optez pour des fruits prêts à manger et tendres. Certains abricots séchés sont traités au dioxyde de soufre pour en préserver la couleur orange vif. Ceux-ci doivent être évités car ils peuvent entraîner une crise d'asthme chez les bébés qui y sont prédisposés. Ne donnez pas de fruits séchés en grande quantité à votre bébé : ils peuvent être plus difficiles à digérer et ont un effet laxatif.

SUGGESTIONS DE FRUITS SECS

rondelles de pomme, abricots, languettes de banane, dattes, pêche, poire, prune, raisins secs, raisins dorés

---

Légumes

Donnez d'abord des légumes cuits et tendres à votre bébé, coupés en morceaux faciles à prendre avec ses doigts et encouragez-le à en couper des morceaux avec ses dents. (Il est préférable de cuire les légumes à la vapeur pour en préserver la vitamine C.) Graduellement, faites cuire les légumes moins longtemps afin que votre bébé s'habitue à mâcher avec plus de force. Lorsqu'il sera mieux coordonné, il aimera prendre de petits légumes comme les pois et les grains de maïs avec ses doigts.

Une fois que votre bébé a maîtrisé l'art de manger par lui-même des légumes cuits, vous pouvez lui présenter des légumes crus soigneusement lavés et râpés ainsi que des bâtonnets de légumes crus. Même si votre bébé est incapable de les mâcher, il se plaira à s'en servir pour soulager ses gencives. Les bâtonnets de légumes crus tels carottes et concombres sont très apaisants pour les gencives endolories surtout lorsqu'ils ont été refroidis dans le congélateur ou dans de l'eau glacée quelques minutes. Les plus gros morceaux de légumes crus sont plus sécuritaires que les plus petits — bébé peut les mordiller alors qu'il pourrait s'étouffer avec les petits en essayant de les avaler.

Lorsque votre bébé mastique bien, offrez-lui du maïs en épi. Coupez l'épi en deux ou en trois, ou achetez des épis nains vendus dans certains marchés d'alimentation — ils sont de taille idéale pour les bébés. Les épis de maïs sont amusants à manger et les bébés adorent les tenir et les grignoter.

Les légumes accompagnent bien les trempettes et les purées. Faites l'essai de certaines des recettes de purées de légumes comme trempettes.

UNE VARIÉTÉ DE LÉGUMES

haricots verts, poivron, brocoli, courge musquée, carotte, chou-fleur, céleri, épis de maïs (et grains de maïs et épis nains), aubergine, champignons, pois, pomme de terre, rutabaga, pois mange-tout, patate douce, courgette

Pains et biscuits de dentition

Des morceaux de pain grillé, des biscuits de dentition et les pains fermes tels que pita peuvent être trempés dans des purées et des sauces. Le bébé qui refuse d'être nourri à la cuiller n'aura pas objection à manger sa purée si elle se trouve sur un biscuit ou un morceau de pain grillé qu'il peut sucer.

BISCUITS DE DENTITION MAISON

Il suffit de couper une tranche de pain de blé entier (complet) d'environ 1,25 cm (2 po) d'épaisseur en trois languettes. Les disposer sur une tôle à biscuits et faire cuire au four préchauffé à 180 °C (350 °F) 15 minutes.

Si votre bébé n'aime pas les biscuits de dentition nature, ajoutez un peu de fromage râpé. Vous pouvez préparer d'avance une provision de biscuits de dentition. Ils se conserveront bien 3 à 4 jours dans un contenant hermétique.

Il existe plusieurs saveurs de galettes de riz qui sont excellentes pour la dentition parce qu'elles tendent à bien se tenir.

Plusieurs des biscuits de dentition sur le marché contiennent autant de sucre qu'un biscuit habituel et même ceux qui sont soi-disant «faibles en sucre» en contiennent parfois autant que 15 p. cent. Il est très facile de préparer vos propres biscuits sans sucre à partir de pain de blé entier.

Mini-sandwiches

Les petits sandwiches en languettes, en forme de carré, en triangle ou même en forme d'animaux à l'aide d'emporte-pièce sont très populaires auprès

SUGGESTIONS DE GARNITURES

banane pilée, avocat et tomate hachée, thon avec maïs et mayonnaise, fromage cottage et ananas, fromage à la crème et gelée de fraise, végépâté, fromage râpé et tomate, sardines pilées et laitue, œuf mayonnaise et cresson

des bébés. Quelques suggestions de garnitures pour sandwiches sont fournies ci-contre ; consultez aussi la section consacrée aux bambins pour une liste plus complète de garnitures (les pages 186 et 187).

Céréales pour le petit déjeuner

Les bébés adorent prendre de petits morceaux de céréales avec leurs doigts. Optez pour des céréales enrichies de fer et de vitamines sans sucre ajouté. Vous trouverez quelques suggestions de céréales ci-dessous.

GRIGNOTINES DU MATIN

Cheerios, *Corn-flakes*, müesli, *Chex*, graham

Fromages

Donnez d'abord à votre bébé du fromage râpé ou encore tranché de la minceur d'une gaufrette. Une fois qu'il aura maîtrisé l'art de mastiquer, vous pourrez lui donner des morceaux et des languettes de fromage. Les fromages les plus populaires sont généralement le cheddar, la mozzarella, l'édam, le suisse et le Monterey Jack. Le fromage à la crème, la ricotta et le fromage cottage plaisent aussi beaucoup. Évitez les fromages forts comme le bleu, le brie et le camembert. Assurez-vous que le fromage que votre bébé mange est toujours pasteurisé.

Pâtes

Il existe plusieurs formes et tailles de pâtes sur le marché, elles sont faciles à mâcher et plaisent beaucoup aux bébés. Le présent ouvrage contient quelques recettes de sauces, bien que la plupart des purées de légumes puissent tout aussi bien être servies sur des pâtes. Vous pouvez ajouter un peu de beurre fondu à des pâtes et les saupoudrer de fromage râpé — même les plus capricieux adorent cette recette.

Viande

Des tranches ou des morceaux de poulet (ou de dindon) cuit font, pour bébé, d'excellents aliments à manger avec les doigts. En plus des morceaux de poulet nature, vous pouvez aussi donner à votre bébé du poulet cuit en sauce. Très souvent, la sauce attendrit le poulet et le rend plus facile à mâcher pour lui.

Les mini-boulettes de poulet comptent aussi parmi les plats préférés (essayez ma recette de Boulettes de poulet et pommes à la page 98). Votre bébé aimera peut-être aussi grignoter des mini-pilons de poulet. Retirez-en la peau et veillez à ce qu'il ne mange pas de morceaux d'os. Tous les pilons ont un petit os de la taille d'une aiguille qui peut être très dangereux — votre vigilance est donc essentielle.

Des languettes de foie sautées font d'excellents aliments à manger avec les doigts parce qu'elles sont faciles à tenir et à manger. Vous pouvez aussi essayer des Boulettes de viande glacées à la sauce tomate (page 154). Les morceaux de bifteck et de viande sont, règle générale, trop coriaces pour les bébés.

Poisson

Les flocons de poisson blanc sont bons parce qu'ils sont faibles en gras, sont une excellente source de protéines et s'avèrent faciles à mastiquer pour votre enfant. Vous pouvez les lui servir nature ou en sauce. Lorsque vous servez du poisson à votre bébé, vérifiez soigneusement qu'il n'y a pas d'arêtes avant de le faire cuire et lorsque vous le défaites en flocons.

Vous pouvez préparer vos propres bâtonnets, boulettes ou beignets de poisson (recettes aux pages 94 et 133-34).

PETIT DÉJEUNER

Le premier repas de la journée est important pour nous tous après une nuit de jeûne et particulièrement pour les bébés et les bambins débordants d'énergie !

Les recettes peuvent dorénavant être composées de grains encore plus intéressants et nutritifs. Le germe de blé est particulièrement bon et vous pouvez en saupoudrer les céréales ou le yogourt. Le mélange céréales et fruits constitue un début de journée fort délicieux et nutritif. Plusieurs des céréales maison peuvent être mélangées à du jus de pommes au lieu du lait.

Le fromage est un aliment important pour des os et des dents solides. Vous pouvez offrir à votre bébé du fromage sur du pain grillé ou des languettes qu'il peut tenir. Les œufs sont une excellente source de protéines, de vitamines et de fer. Offrez à votre bébé des œufs brouillés ou une omelette, mais veillez à ce que le blanc et le jaune soient bien cuits. Les fruits frais fournissent des vitamines, des minéraux et des substances appelées phytochimiques qui aident à réduire les risques de cancer. Offrez à votre bébé des fruits qu'il peut manger avec les doigts, préparez des salades de fruits ou donnez-lui des fruits en compote tels que pommes ou rhubarbe.

Les céréales très raffinées et enrobées de sucre devraient être évitées. Ne vous laissez pas berner par la liste de vitamines qui apparaissent sur le côté de la boîte — les céréales non traitées demeurent un choix beaucoup plus sain pour votre enfant.

Certaines des recettes de la section des desserts aux fruits et des pâtisseries pour les bambins font d'excellents aliments pour le petit déjeuner : Muffins à l'ananas et aux raisins secs (page 175), Biscuits tout drôles (page 172), ou la Salade de fruits enneigée (page 165).

LE PETIT DÉJEUNER
Müesli suisse aux fruits

Un petit déjeuner goûteux et nutritif pour commencer la journée du bon pied.
Vous pouvez remplacer les fruits de ce müesli par exemple par des pêches,
des fraises, des bananes ou des abricots prêts à manger hachés.

DONNE 4 PORTIONS D'ADULTE

190 ml (³/₄ de tasse) de gruau
190 ml (³/₄ de tasse) de germe de blé
190 ml (³/₄ de tasse) de jus de pommes
5 ml (1 c. à thé) de jus de citron

1 pomme, pelée, coeur enlevé et râpée
1 poire, pelée, cœur enlevé et hachée
15 ml (1 c. à soupe) de sirop d'érable
125 ml (¹/₂ tasse) de yogourt nature

Mélangez le gruau, le germe de blé et le jus de pommes. Réservez environ deux heures ou réfrigérez toute la nuit. Le lendemain matin, mélangez le jus de citron à la pomme râpée et ajoutez au mélange de gruau avec la poire hachée, le sirop d'érable et le yogourt.

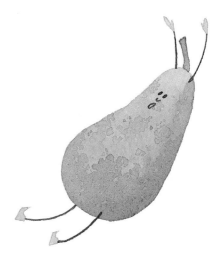

Yogourt à la pêche et à la banane

Bien des yogourts du commerce contiennent beaucoup de sucre. Il est facile de faire le vôtre en y ajoutant un mélange des aliments que votre bébé préfère.

DONNE 2 PORTIONS D'ADULTE

1/2 pêche mûre, dénoyautée, pelée et hachée
1/2 petite banane, pelée et hachée

160 ml (5 oz) de yogourt nature
10 ml (2 c. à thé) de sirop d'érable

Mélangez tous les ingrédients ensemble et servez. Pilez les fruits pour les bébés plus jeunes.

Crêpes passe-partout

Les crêpes pour le petit déjeuner font toujours un repas spécial, et la recette qui suit est infaillible. Les crêpes peuvent être faites à l'avance, réfrigérées et réchauffées. Pour les congeler, placez-les entre des feuilles de papier sulfurisé. Servez avec du sirop d'érable et des fruits frais.

DONNE 12 CRÊPES

250 ml (1 tasse) de farine
une généreuse pincée de sel
2 œufs

300 ml (1 1/4 tasse) de lait
45 ml (3 c. à soupe) de beurre, fondu

Tamisez la farine et le sel dans un bol, faites un puits au centre et ajoutez les œufs. Servez-vous d'un fouet pour incorporer les œufs à la farine et ajoutez graduellement le lait jusqu'à l'obtention d'une pâte lisse.

Badigeonnez un poêlon à fond épais de 15 à 18 cm (6 à 7 po) du beurre fondu et, lorsque le poêlon est chaud, versez-y environ 30 ml (2 c. à soupe) de pâte. Inclinez rapidement le poêlon d'un côté à l'autre pour répartir la pâte en une couche fine et faites cuire 1 minute. Retournez la crêpe à l'aide d'une spatule et faites cuire jusqu'à ce que le dessous soit légèrement doré. Poursuivez ainsi avec le reste de la pâte en badigeonnant le poêlon de beurre fondu au besoin.

Flan aux abricots, pomme et poire

Les abricots séchés sont l'un des meilleurs aliments santé
de dame nature. Ils sont une source élevée de bêta-carotène,
de potassium et de fer. Voici une délicieuse purée de fruits
idéale pour le petit déjeuner ou le dessert.

DONNE 3 PORTIONS

125 ml (¹/₂ tasse) d'abricots séchés,
prêt à manger
1 grosse pomme à dessert, pelée,
cœur enlevé et hachée

15 ml (1 c. à soupe) de poudre à flan
190 ml (³/₄ de tasse) de lait
1 poire mûre, pelée, cœur enlevé et hachée

Faites chauffer légèrement les abricots et la pomme dans une petite casserole avec 60 ml (¹/₄ de tasse) d'eau 8 à 10 minutes, ou jusqu'à ce qu'ils soient tendres. Dans une autre casserole, mélangez la poudre à flan à un peu de lait pour obtenir une pâte lisse. Ajoutez le reste du lait et portez lentement à ébullition en brassant jusqu'à ce que la crème soit lisse et épaisse. Mélangez les fruits cuits et la poire jusqu'à l'obtention de la consistance souhaitée et incorporez le flan.

Céréales à la banane

Malheureusement, bien des céréales à l'intention des enfants du commerce
sont pleines de sucre. Je donne à mes enfants des céréales à l'ancienne telles
que craquelins graham, gruau ou müesli que je sucre avec des fruits frais.

DONNE 1 PORTION

15 ml (1 c. à soupe) de craquelins graham
1 petite banane

45 ml (3 c. à soupe) de yogourt nature
ou de lait

Émiettez finement les craquelins graham et pilez la banane. Mélangez tous les ingrédients et servez.

Müesli aux fruits d'été

Il suffit de laisser tremper le gruau toute la nuit et d'y ajouter des fruits frais comme des pêches ou des fraises le lendemain pour obtenir un müesli nutritif. Si votre bébé est trop jeune pour manger des aliments avec des grumeaux, vous pouvez réduire ce müesli en une purée fine.

DONNE 4 PORTIONS D'ADULTE

335 ml (1 1/3 tasse) de gruau
30 ml (2 c. à soupe) de raisins dorés
300 ml (1 1/4 tasse) de jus de pommes et de mangue

2 pommes à dessert, pelées, cœurs enlevés et râpées
60 à 90 ml (1/4 à 1/3 de tasse) de lait
un peu de sirop d'érable ou de miel (pour les bébés de plus d'un an)

Mélangez le gruau, les raisins ses et le jus de pommes et de mangue dans un bol, couvrez et laissez tremper toute la nuit au réfrigérateur. Le lendemain, incorporez en brassant les autres ingrédients et tout autre fruit et versez un filet de sirop d'érable ou de miel (si utilisé).

Mousse à la banane et aux pruneaux

Il suffit de deux minutes pour préparer cette mousse fort délicieuse. C'est aussi une excellente recette si vous croyez que votre bébé est un peu constipé.

DONNE 1 PORTION

5 pruneaux en conserve dans leur jus, dénoyautés
1 petite banane mûre, pelée

15 ml (1 c. à soupe) de yogourt nature
15 ml (1 c. à soupe) de fromage à la crème

Mettez tous les ingrédients dans un mélangeur avec 15 à 30 ml (1 à 2 c. à soupe) du jus des pruneaux. Mélangez bien jusqu'à l'obtention d'une purée lisse.

Le petit déjeuner des trois ours

Un petit déjeuner très nourrissant. Assurez-vous que votre enfant le mange
tout avant que Boucle d'or n'arrive !

DONNE 2 PORTIONS D'ADULTE

300 ml (1 ¹/₄ tasse) de lait
125 ml (¹/₂ tasse) de gruau

35 ml (1 oz) de pêche (ou abricots)
séchée, hachée
5 ml (1 c. à thé) de raisins secs, hachés

Versez le lait dans une casserole et portez à ébullition. Ajoutez le gruau et
portez à nouveau à ébullition en brassant. Ajoutez les fruits séchés hachés,
baissez le feu et laissez mijoter environ 4 minutes ou jusqu'à ce que le mélange ait
épaissi.

Pain matzo doré

Les matzos sont de grands carrés de pain sans levain ressemblant
à des biscottes. On peut les manger tels quels ou cuits.

DONNE 2 PORTIONS D'ADULTE

2 matzos
1 œuf, battu

30 ml (2 c. à soupe) de beurre
sucre au goût

Brisez le matzo en petits morceaux et trempez quelques minutes dans l'eau
froide. Pressez pour extraire l'eau, puis ajoutez le matzo à l'œuf battu. Faites
fondre la margarine dans une poêle à frire, en faisant grésiller, puis faites-y dorer
le mélange de matzo et œuf des deux côtés. Parsemez de sucre si désiré.

Pain doré à l'emporte-pièce

Amusez-vous de temps à autre à couper le pain en toutes sortes
de formes animales à l'aide d'un emporte-pièce. Servez-les accompagnées
de sirop d'érable ou de gelée pour une gâterie toute spéciale.

DONNE 2 PORTIONS

1 œuf
30 ml (2 c. à soupe) de lait
1 pincée de cannelle moulue (facultatif)

2 tranches de pain blanc ou aux raisins
25 ml (1 1/2 c. à soupe) de beurre

Battez l'œuf légèrement avec le lait et la cannelle, si utilisée, et versez dans un
plat peu profond. Trempez bien les deux côtés des tranches de pain dans ce
mélange. Faites fondre le beurre et faites frire les tranches ou les formes animales
jusqu'à ce que les deux côtés soient dorés.

Œuf brouillé au fromage

Vous pouvez utiliser du fromage cottage au lieu du fromage cheddar.

DONNE 1 PORTION D'ADULTE

1 œuf
15 ml (1 c. à soupe) de lait
15 g (1/2 oz) de beurre

15 ml (1 c. à soupe) de fromage cheddar,
râpé fin
1 tomate, pelée et épépinée, hachée

Battez l'œuf avec le lait. Faites fondre la margarine, puis versez le mélange
d'œuf et cuisez à feu doux, en remuant sans arrêt. Quand le mélange a épaissi
et est d'apparence crémeuse, ajoutez fromage et tomate hachée. Servez tout de
suite.

FRUITS

Pommes au four avec raisins secs

Les pommes à cuire ont meilleur goût, mais les autres sont
plus sucrées. Choisissez celles que vous préférez.
Servez avec de la crème glacée ou anglaise.

DONNE 6 PORTIONS

2 pommes
125 ml (¹/₂ tasse) de jus de pomme ou eau
30 ml (2 c. à soupe) de raisins secs
un peu de poudre de cannelle

15 ml (1 c. à soupe)de miel ou sirop
d'érable (pour les pommes à cuire)
un peu de beurre ou margarine

Préchauffez le four à 180 °C (350 °F). Enlevez le cœur des pommes et piquez la
peau avec une fourchette pour les empêcher d'éclater. Mettez-les dans un plat
à four et versez le jus de pomme ou l'eau dans le fond. Déposez 15 ml (1 c. à soupe)
de raisins secs au centre de chaque pomme, parsemez de cannelle et aspergez de
miel ou sirop d'érable (si nécessaire). Posez une noix de beurre sur les pommes.
Mettez au four environ 45 minutes.

Pour les jeunes bébés, retirez la pulpe des pommes et réduisez grossièrement en
purée avec les raisins secs et un peu de liquide de cuisson.

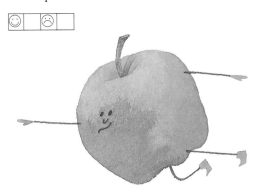

Pommes et mûres

Ces deux fruits se marient très bien: les mûres (riches en vitamine C) colorent les pommes d'un beau rouge foncé. C'est aussi une bonne garniture pour une croustade sucrée (voir p. 167).

DONNE 8 PORTIONS

2 pommes à cuire, pelées,
cœurs enlevés et tranchées

180 ml (³/4 de tasse) de mûres
60 ml (¹/4 de tasse) de cassonade

Dans une casserole, cuisez pommes, mûres et cassonade avec 15 ml (1 c. à soupe) d'eau, jusqu'à ce que les pommes soient bien cuites (env. 10 min.). Passez le tout au moulin pour obtenir une purée homogène.

Pouding au riz et aux pêches

DONNE 6 PORTIONS

15 ml (1 c. à soupe) de beurre
85 ml (¹/3 de tasse) de riz à grain court
15 ml (1 c. à soupe) chacun de vanille et
de cassonade, ou 30 ml (2 c. à soupe) de
sucre superfin
625 ml (2 ¹/2 tasses) de lait

5 ml (1 c. à thé) d'extrait de vanille
15 à 20 ml (1 c. à soupe comble) de
raisins secs
125 ml (¹/2 tasse) de jus de pêche
2 pêches mûres, pelées, dénoyautées
et coupées en morceaux

Beurrez un plat peu profond allant au four. Mettez le riz, la cassonade, le lait et l'extrait de vanille dans le plat et mélangez bien ; parsemez du reste de beurre. Faites cuire au four à 150 °C (300 °F) environ 2 heures, en remuant après 30 minutes et une fois de plus 30 minutes plus tard. Pendant ce temps, laissez mijoter les raisins secs dans le jus de pêche et réduisez les pêches en purée. Lorsque le pouding au riz est cuit, ajoutez-y, en remuant, le jus de pêche, les raisins secs et la purée de pêches.

Semoule au lait à la poire

On peut aussi préparer cette recette avec des pêches ou de la purée de pommes et cannelle. Vous pouvez remplacer la semoule par des biscottes émiettées fin (sans faire bouillir le lait).

DONNE 2 PORTIONS

15 ml (1 c. à soupe) de semoule
125 ml (¹/₂ tasse) de lait
1 poire mûre, pelée, cœur enlevé et tranchée

10 ml (2 c. à thé) de miel clair (facultatif)
une pincée de cannelle

Mettez semoule et lait dans une casserole, puis portez à ébullition et laissez mijoter 3 à 4 minutes. Ajoutez poire, miel et cannelle, puis passez le mélange au moulin, pour réduire en purée, ou hachez la poire très fin.

Pouding au riz aux fraises

Le secret d'un bon pouding au riz est dans la cuisson : elle doit être longue, lente et effectuée à feu doux. Ce pouding se mélange bien à des purées de fruits telles que compotes de pommes et de poires, pruneaux dans leur jus, ou des pêches ou des abricots en conserve, hachés.

DONNE 6 PORTIONS DE BÉBÉ OU 3 PORTIONS D'ADULTE

15 ml (1 c. à soupe) de beurre
85 ml (¹/₃ de tasse) de riz blanc à grain court
15 à 30 ml (1 à 2 c. à soupe) de sucre superfin

625 ml (2 ¹/₂ tasses) de lait
3 ml (¹/₂ c. à thé) d'extrait de vanille
gelée de fraise, sirop d'érable ou miel

Beurrez un plat peu profond allant au four. Mettez le riz et le sucre dans le plat, versez-y le lait et l'extrait de vanille et parsemez du reste de beurre. Faites cuire au four à 150 °C (300 °F) environ 2 heures, en remuant de temps à autre. Servez chaud avec de la gelée de fraise, du sirop d'érable, du miel, ou incorporez de la purée de fruit dans le pouding.

Délice au fromage et raisins secs

Ce plat très nutritif offre une délicieuse combinaison de goûts.

DONNE 2 PORTIONS

60 ml (¹/4 de tasse) de fromage gruyère
¹/2 petite pomme, pelée

25 ml (1 ¹/2 c. à soupe) de raisins secs
15 ml (1 c. à soupe) de yogourt nature

Râpez gruyère et pomme, puis mêlez-y raisins secs et fromage frais. Pour les jeunes bébés qui ne mastiquent pas, passez ensuite au mélangeur environ 1 minute.

☺ ☹

Abricots séchés avec papaye et poire

Les abricots séchés renferment beaucoup de bêta-carotène et de fer et se marient bien à une variété de fruits frais. Cette recette est excellente aussi servie avec du yogourt. J'ai constaté que mes enfants aimaient aussi mâchouiller des rondelles mi-séchées de pomme, qui sont faciles à tenir à cause du trou au centre.

DONNE 4 PORTIONS

125 ml (¹/2 tasse) d'abricots séchés
prêts à manger
¹/2 papaye mûre, pelée, épépinée et hachée

1 poire mûre et juteuse, pelée,
cœur enlevé et hachée

Mettez les abricots dans une petite casserole et couvrez avec juste assez d'eau. Portez à ébullition et laissez mijoter jusqu'à ce qu'ils soient ramollis (environ 8 minutes). Égouttez et hachez les abricots et mélangez-les à la papaye et à la poire hachées, ou réduisez en purée pour le bébé qui préfère les consistances plus lisses.

☺ ☹ ❄

LÉGUMES

Risotto à la courge musquée

La texture moelleuse et agréable du riz cuit aux légumes est une bonne façon d'incorporer de nouvelles textures dans l'alimentation de votre bébé. La courge musquée se trouve maintenant plus facilement dans les magasins d'alimentation et elle est riche en vitamine A. Vous pouvez aussi remplacer la courge par de la citrouille si vous désirez.

DONNE 3 PORTIONS

125 ml (1/2 tasse) d'oignon, haché
25 ml (1 1/2 c. à soupe) de beurre
170 ml (2/3 de tasse) de riz basmati
500 ml (2 tasses) d'eau bouillante

150 g (5 oz) de courge musquée,
pelée et hachée
3 tomates mûres, pelées, épépinées et hachées
125 ml (1/2 tasse) de cheddar, râpé

Faites revenir l'oignon dans la moitié de la quantité de beurre jusqu'à ce qu'il soit ramolli. Incorporez le riz en remuant, jusqu'à ce que les grains soient bien enrobés. Versez l'eau bouillante, couvrez et laissez cuire 8 minutes à feu élevé. Incorporez la courge, réduisez le feu, couvrez et laissez cuire environ 12 minutes, ou jusqu'à ce que l'eau ait été absorbée.

Pendant ce temps, faites fondre le reste du beurre dans une petite casserole, ajoutez les tomates hachées et faites revenir 2 à 3 minutes. Ajoutez, en remuant, le fromage jusqu'à ce qu'il soit fondu. Incorporez le mélange tomates et fromage au riz cuit. Rectifiez l'assaisonnement pour les bébés de plus d'un an.

Purée de lentilles et
de légumes à la pomme

Une excellente purée que ma fille adorait lorsqu'elle avait neuf mois. Les lentilles sont une excellente source de protéines et elles sont faciles à faire cuire.

DONNE 6 PORTIONS

1/2 pomme à dessert, pelée, cœur enlevé et hachée

30 ml (2 c. à soupe) de beurre

375 ml (1 1/2 tasse) de poireaux, lavés et tranchés

375 ml (1 1/2 tasse) de carottes, hachées

65 ml (1/4 de tasse) de lentilles rouges cassées

375 ml (1 1/2 tasse) de bouillon de légumes (voir page 33) ou d'eau

250 ml (1 tasse) de bouquets de chou-fleur

Faites fondre le beurre puis revenir les poireaux environ 5 minutes. Ajoutez les carottes et poursuivez la cuisson 2 à 3 minutes. Ajoutez les lentilles et le bouillon, portez à ébullition, couvrez et laissez mijoter 15 minutes. Ajoutez le chou-fleur et la pomme et faites cuire 15 minutes de plus ou jusqu'à ce que les lentilles et les légumes soient tendres. Réduisez en purée jusqu'à l'obtention de la consistance souhaitée.

☺ ☹ ❄

Casserole arc-en-ciel

Les bébés adorent les couleurs vives et la petite taille des légumes de cette recette. Manger devient amusant et s'avère une bonne pratique de la dextérité.

DONNE 4 PORTIONS

170 ml (2/3 de tasse) de grains de maïs surgelés

125 ml (1/2 tasse) de bouillon de légumes ou d'eau

15 ml (1 c. à soupe) d'huile d'olive

1 échalote, pelée et hachée finement

125 ml (1/2 tasse) de poivron rouge, coupé en dés

250 ml (1 tasse) de pois surgelés

Faites chauffer l'huile dans une casserole, ajoutez l'échalote et le poivron rouge et faites cuire 3 minutes. Ajoutez les pois, le maïs et le bouillon de légumes et portez à ébullition. Couvrez et laissez mijoter 3 à 4 minutes.

Chou surprise

C'est une recette délicieuse, toute simple à préparer. C'est aussi un plat pour la famille à midi: augmentez alors les quantités, parsemez de cheddar ou de parmesan supplémentaire et faites dorer au gril. Ou encore, mêlez tous les ingrédients et cuisez 15 minutes au four à 180 °C (350 °F).

DONNE 6 PORTIONS

40 ml (2 ¹/₂ c. à soupe) de riz brun
250 ml (1 tasse) de chou, en lanières
1 tomate, pelée, épépinée et hachée

un peu de beurre
125 ml (¹/₂ tasse) de fromage cheddar, râpé

Faites cuire le riz environ 25 minutes dans l'eau, pour attendrir. Cuisez le chou dans l'eau bouillante environ 5 minutes, pour attendrir. Faites revenir la tomate dans un peu de margarine, ajoutez le chou bien égoutté et cuisez encore 2 minutes. Incorporez le fromage et cuisez à feu doux pour le faire fondre. Mélangez les légumes au riz cuit et coupez en petits morceaux.

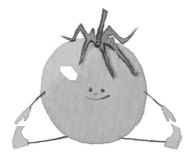

Légumes au fromage

DONNE 6 PORTIONS

250 ml (1 tasse) de fleurettes de chou-fleur
1 carotte, pelée et tranchée mince
125 ml (¹/2 tasse) de petits pois surgelés
1 courgette, lavée et tranchée

Sauce au fromage
30 ml (2 c. à soupe) de beurre
30 ml (2 c. à soupe) de farine
250 ml (1 tasse) de lait
125 ml (¹/2 tasse) de fromage cheddar, râpé

Cuisez chou-fleur et carotte à la vapeur 6 minutes, ajoutez pois et courgettes, et cuisez encore 4 minutes (pour les jeunes bébés, cuisez les légumes jusqu'à ce qu'ils soient très mous). Préparez la sauce au fromage (voir p. 59). Ensuite, écrasez, hachez ou réduisez en purée les légumes dans la sauce.

Haricots verts à la sauce tomate

Les haricots verts font d'excellents aliments à manger avec les doigts et accompagnent bien cette délicieuse sauce. Vous pouvez aussi couper les haricots en petits morceaux et les mélanger à la sauce.

DONNE 2 PORTIONS

150 g (5 oz) de haricots verts, parés
1 petit oignon, pelé et haché finement
15 ml (1 c. à soupe) de beurre
2 tomates moyennes, pelées, épépinées et hachées

8 ml (¹/2 c. à soupe) de concentré de tomate
65 ml (¹/4 de tasse) de fromage suisse, râpé

Faites cuire à la vapeur les haricots 6 minutes ou jusqu'à ce qu'ils soient tendres. Faites revenir l'oignon dans le beurre 4 minutes, ajoutez les tomates et le concentré de tomate et faites cuire 3 minutes. Mettez les haricots dans un plat allant au four, nappez de la sauce tomate et saupoudrez de fromage. Placez le plat sous le gril du four jusqu'à ce que le fromage soit fondu et bouillonnant.

POISSON

Plie aux fines herbes

Un plat facile à préparer, dont la saveur est scellée dans l'emballage.

DONNE 3 PORTIONS

1 filet de plie, peau enlevée
5 ml (1 c. à thé) d'huile d'olive
1 tomate moyenne, pelée, épépinée et hachée
1 petite courgette, lavée et tranchée

10 ml (2 c. à thé) de ciboulette hachée
1 brin chacun de persil, estragon et cerfeuil
(facultatif)

Préchauffez le four à 180 °C (350 °F). Déposez la plie sur une grande feuille d'aluminium huilée. Mélangez tous les autres ingrédients ensemble, puis disposez sur le poisson. Enveloppez le poisson en scellant bien. Mettez au four environ 12 minutes, ou jusqu'à ce que le poisson se défasse en morceaux à la fourchette. Enlevez les fines herbes et écrasez à la fourchette.

Bâtonnets de sole

Ces bâtonnets de sole sont amusants à manger pour les tout-petits.
Vous pouvez les servir nature ou avec une sauce tomate maison, qui servira
de trempette. Réduisez en purée 3 tomates pelées et épépinées avec
1 échalote revenue dans l'huile, 15 ml (1 c. à soupe) de concentré de tomate,
10 ml (2 c. à thé) de lait et 5 ml (1 c. à thé) de basilic haché fin.
Ces bâtonnets de poisson sont bien meilleurs pour votre bébé que ceux
vendus en magasin, qui sont pleins de colorant et d'additifs. Si vous
ne les utilisez pas tous, il vaut mieux les congeler avant de les faire cuire.
Les *Corn Flakes* émiettés font aussi une panure délicieuse pour
d'autres poissons: aiglefin, morue, etc.

DONNE 8 PORTIONS

1 échalote, pelée et hachée fin
15 ml (1 c. à soupe) de lait
15 ml (1 c. à soupe) d'huile végétale
1 sole, en filets et sans peau

1 œuf
farine
Corn Flakes *émiettés*
un peu de beurre (ou margarine)

Mélangez ensemble échalote, la moitié du lait et huile. Faites mariner 1 heure les filets de poisson dans ce mélange. Retirez les filets de la marinade et coupez en 4 ou 5 languettes diagonales, selon leur grandeur. Battez l'œuf avec le reste du lait. Enrobez les languettes d'abord de farine, puis d'œuf battu et enfin de panure de *Corn Flakes*. Faites frire les bâtonnets dans le beurre, pour dorer des deux côtés. Le temps de cuisson ne devrait pas dépasser 5 minutes.

Filets de sole aux raisins

Les filets de sole et les raisins font un délicieux mélange. Cette recette est rapide et facile à préparer et elle est appréciée par tous les membres de la famille.

DONNE 4 PORTIONS D'ADULTE

8 filets de sole individuels
15 ml (1 c. à soupe) de farine assaisonnée
20 ml (1 ¼ c. à soupe) de beurre
250 ml (1 tasse) de champignons,
tranchés mince
125 ml (¹/2 tasse) de bouillon de poisson

125 ml (¹/2 tasse) de crème épaisse
5 ml (1 c. à thé) de jus de citron
10 ml (2 c. à thé) de persil frais, haché
20 raisins verts sans pépins, coupés en deux
sel et poivre (pour les bébés de plus d'un an)

Enfarinez le poisson, faites fondre la moitié du beurre dans un grand poêlon et faites frire le poisson à feu moyen environ 2 minutes de chaque côté ou jusqu'à ce qu'il soit doré. Mettez dans une assiette et gardez au chaud.

Ajoutez le reste du beurre dans le poêlon et faites cuire les champignons 3 minutes. Ajoutez le bouillon et laissez mijoter 2 minutes. Incorporez la crème et le jus de citron et laissez mijoter 2 minutes. Ajoutez le persil et les raisins, assaisonnez avec le sel et le poivre (si utilisés) et versez sur les filets.

Gratin d'aiglefin en sauce aux tomates et aux épinards

Il est très important d'encourager votre bébé à aimer le poisson. Cette recette est l'une de mes préférées. En fait, elle est tellement bonne que toute la famille l'aime! Une fois cuit, le poisson cédera facilement sous les dents d'une fourchette et sera facile à manger pour votre bébé.

DONNE 6 PORTIONS

15 ml (1 c. à soupe) d'huile de tournesol
125 ml (¹/2 tasse) d'oignon, haché finement
1 petite gousse d'ail, pelée et écrasée
250 ml (1 tasse) de passata (coulis de tomates)

1 litre (4 tasses) d'épinards frais, lavés et débarrassés de leurs tiges rigides
330 g (11 oz) de filets d'aiglefin ou de plie, sans peau
30 ml (2 c. à soupe) de farine
30 ml (2 c. à soupe) de beurre
125 ml (¹/2 tasse) de cheddar, râpé

Faites chauffer l'huile dans une casserole et faites revenir l'oignon et l'ail jusqu'à ce qu'ils soient ramollis. Incorporez la *passata* et faites cuire à feu moyen 2 minutes. Faites cuire les épinards mouillés dans une casserole, à feu moyen, 3 minutes ou jusqu'à ce qu'ils soient flétris; exprimez l'excès d'eau et hachez grossièrement. Enfarinez le poisson, faites fondre le beurre dans un petit poêlon et faites cuire le poisson environ une minute et demie de chaque côté, ou jusqu'à ce qu'il soit doré et scellé.

Étendez les épinards dans le fond d'un plat allant au four. Disposez les filets sur le lit d'épinards, recouvrez de la sauce tomate et saupoudrez du fromage râpé. Faites cuire au four préchauffé à 180 °C (350 °F) 10 minutes, ou jusqu'à ce que le poisson soit complètement cuit. Effeuillez le poisson et mélangez-le aux épinards, à la sauce tomate et au fromage.

☺	☹	❄

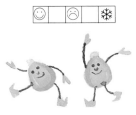

Saumon à la sauce
crémeuse à la ciboulette

Le saumon est facile à faire cuire. Il peut être cuit très rapidement au micro-ondes, mais dans ce cas-ci, je l'emballe dans du papier d'aluminium avec des légumes et des fines herbes, et je le laisse cuire plus longtemps pour en faire ressortir la saveur.

DONNE 3 PORTIONS

120 g (¹/4 de lb) de filet de saumon
10 ml (2 c. à thé) de jus de citron
¹/2 petit oignon, pelé et tranché
¹/2 feuille de laurier
¹/2 petite tomate, coupée en morceaux
un brin de persil
un peu de beurre

Sauce à la ciboulette
15 ml (1 c. à soupe) de beurre
15 ml (1 c. à soupe) de farine
125 ml (¹/2 tasse) de lait
85 ml (¹/3 de tasse) de cheddar, râpé
liquide de cuisson du poisson
10 ml (2 c. à thé) de ciboulette ciselée

Emballez le saumon et les autres ingrédients dans du papier d'aluminium et faites cuire au four préchauffé à 180 °C (350 °F) 15 minutes. Pendant ce temps, préparez une béchamel épaisse avec le beurre, la farine et le lait de la manière habituelle (voir page 59). Incorporez le cheddar jusqu'à ce qu'il soit fondu.

Une fois le saumon cuit, retirez-le du papier d'aluminium, jetez l'oignon, la tomate, le persil et la feuille de laurier, filtrez le liquide de cuisson et ajoutez-le à la béchamel. À la fin, ajoutez la ciboulette à la sauce. Effeuillez le poisson et nappez de la sauce à la ciboulette.

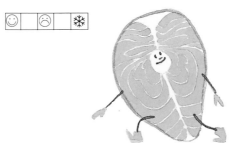

POULET

Poulet au couscous

DONNE 4 PORTIONS

15 ml (1 c. à soupe) de beurre
65 ml (¹/4 de tasse) d'oignon, haché
65 ml (¹/4 de tasse) de pois surgelés,
décongelés et cuits

190 ml (³/4 de tasse) de bouillon de poulet
(voir à la page 62)
95 ml (¹/3 de tasse) de couscous
à cuisson rapide
55 g (2 oz) de poulet, coupé en cubes et cuit

Faites fondre le beurre dans une casserole et faites revenir l'oignon jusqu'à ce qu'il soit ramolli, mais non coloré. Ajoutez les pois et le bouillon, portez à ébullition et faites cuire 3 minutes. Incorporez le couscous, retirez la casserole du feu, couvrez et réservez 6 minutes. Aérez le couscous à l'aide d'une fourchette et mélangez-y le poulet cuit.

| ☺ | ☹ | ❄ |

Boulettes de poulet et de pomme

Ma famille adore cette recette. La pomme râpée ajoute une délicieuse saveur à ces boulettes de poulet qui plaît aux jeunes enfants, et elles sont bonnes chaudes ou froides. Ces petites boules font d'excellents aliments à prendre avec les doigts.

DONNE 20 BOULETTES

1 grosse pomme à dessert, pelée et râpée
2 grosses poitrines de poulet, coupées
en gros morceaux
1 oignon, pelé et haché finement
8 ml (¹/2 c. à soupe) de persil frais, haché
15 ml (1 c. à soupe) de thym (ou de sauge)
frais, haché, ou une pincée de fines herbes
mélangées séchées

1 cube de bouillon de poulet, émietté
(pour les bébés de plus d'un an)
250 ml (1 tasse) de panure de pain blanc
sel et poivre noir fraîchement moulu
(pour les bébés de plus d'un an)
farine pour enfariner
huile végétale pour la friture

Exprimez, avec les mains, un peu de l'excès de jus de la pomme râpée. Mélangez la pomme râpée avec le poulet, l'oignon, le persil, les fines herbes, le cube de bouillon (pour les bébés de plus d'un an), et la panure et hachez grossièrement dans un robot culinaire quelques secondes. Salez et poivrez légèrement (pour les bébés de plus d'un an). Façonnez avec les mains environ 20 petites boules, enfarinez-les et faites-les frire dans de l'huile chaude environ 5 minutes ou jusqu'à ce qu'elles soient légèrement dorées et complètement cuites.

Poulet «bang bang»

J'appelle ce plat ainsi parce que mon fils aime bien m'aider à aplatir le poulet en frappant avec le maillet! Vous pouvez préparer ces bâtonnets de poulet à l'avance. Avant de faire frire le poulet, enveloppez chaque languette séparément et congelez. Sortez 1 ou 2 languettes à la fois pour un repas de poulet frais cuit.

DONNE 8 PORTIONS

2 poitrines de poulet, désossées et sans peau
3 tranches de pain complet
15 ml (1 c. à soupe) de fromage parmesan
(facultatif)

15 ml (1 c. à soupe) de persil haché
(facultatif)
30 ml (2 c. à soupe) de farine
1 œuf, battu
huile végétale

Couvrez le poulet de papier sulfurisé, aplatissez avec un maillet ou un rouleau à pâtisserie et coupez chaque poitrine en 4 languettes. Réduisez le pain en panure au robot de cuisine. Si vous utilisez du parmesan et du persil, incorporez-les à la panure.

Enrobez le poulet de farine, puis d'œuf et enfin de panure. Faites frire dans l'huile 3 à 4 minutes de chaque côté, pour dorer et bien cuire. Égouttez bien et laissez refroidir avant de servir.

Poulet à la purée de pommes de terre et de carottes

L'une des bonnes façons d'introduire graduellement de nouvelles textures consiste à combiner des aliments hachés à de la purée de pommes de terre crémeuse — un truc qui fonctionne bien avec le poulet, la viande et le poisson.

DONNE 5 PORTIONS

440 ml (1 3/4 tasse) de pommes de terre, pelées et hachées

345 ml (1 1/3 tasse) de carottes, pelées et hachées

90 g (3 oz) de poulet, coupé en gros morceaux

250 ml (1 tasse) de bouillon de poulet (voir page 62)

30 ml (2 c. à soupe) de beurre

45 ml (3 c. à soupe) de lait

Mettez les pommes de terre et les carottes dans une casserole, y verser de l'eau bouillante, couvrez et faites cuire à feu moyen 20 minutes ou jusqu'à ce que les légumes soient tendres. Pendant ce temps, pochez le poulet dans le bouillon 6 à 8 minutes, ou jusqu'à ce qu'il soit entièrement cuit (laissez tiédir dans le bouillon).

Égouttez les carottes et les pommes de terre et pilez-les avec le beurre et le lait. Hachez le poulet en petits morceaux et servez avec la purée de pommes de terre et de carottes.

☺	☹	❄

Poulet aux flocons de maïs

Les flocons de maïs (*Corn Flakes*) sont très polyvalents : je m'en sers souvent au lieu de la chapelure habituelle pour paner le poulet et le poisson. Ces languettes de poulet font un excellent aliment à manger avec les doigts. Avant de les faire cuire, elles peuvent être emballées individuellement et congelées.

DONNE 3 À 4 PORTIONS

1 œuf, battu

15 ml (1 c. à soupe) de lait

250 ml (1 tasse) de flocons de maïs (Corn Flakes), écrasés

1 poitrine de poulet double, sans peau, désossée et tranchée en 8 languettes

30 ml (2 c. à soupe) de beurre, fondu

Mélangez l'œuf battu et le lait dans un plat peu profond. Dans un autre plat, étalez la chapelure de flocons de maïs. Trempez les languettes de poulet dans le mélange d'œuf et enrobez ensuite de chapelure de flocons de maïs. Disposez les languettes dans un plat graissé allant au four, versez le beurre fondu et recouvrez-en les languettes en les remuant. Faites cuire dans un four préchauffé à 180 °C (350 °F) 10 minutes sur chaque côté ou jusqu'à ce qu'elles soient complètement cuites. Les languettes peuvent également être cuites dans de l'huile dans un poêlon jusqu'à ce qu'elles soient dorées et entièrement cuites.

Poulet aux légumes d'été

Pendant l'été, on trouve différentes variétés de courges sur le marché : des rondes, des vertes, des jaunes. Elles sont toutes aussi délicieuses les unes que les autres. La présente recette peut également être réalisée avec des courgettes.

DONNE 4 PORTIONS

1 petit oignon, haché
1 gousse d'ail, pelée et écrasée
$^1/_4$ de poivron rouge, épépiné et haché finement
25 ml (1 $^1/_2$ c. à soupe) d'huile d'olive
1 poitrine de poulet, coupée en gros morceaux
30 ml (2 c. à soupe) de jus de pommes
190 ml ($^3/_4$ de tasse) de bouillon de poulet
(voir page 62)

un petit morceau de courge jaune haché, OU
1 grosse (ou 2 petites courgettes),
hachée finement
440 ml (1 $^3/_4$ tasse) de patates douces,
pelées et hachées
15 ml (1 c. à soupe) de basilic frais,
déchiqueté

Faites revenir l'oignon, l'ail et le poivron rouge dans l'huile d'olive jusqu'à ce qu'ils soient ramollis. Incorporez le poulet et faites cuire 3 à 4 minutes. Ajoutez le jus de pommes et le bouillon ainsi que la courge ou les courgettes, les patates douces et le basilic. Portez à ébullition, couvrez et laissez mijoter environ 10 minutes. Hachez ou réduisez en purée jusqu'à l'obtention de la consistance souhaitée.

Poulet et légumes d'hiver

Un plat facile et rapide à préparer, qui a une délicieuse saveur de poulet.
Servez avec une purée de pommes de terre.

DONNE 6 PORTIONS

2 poitrines de poulet, avec os et sans peau
un peu de farine
huile végétale
1 petit oignon, pelé et haché fin
1 blanc de poireau, lavé et tranché

1 carotte, pelée et tranchée
1 tige de céleri, apprêtée et tranchée
300 ml (1 1/4 tasse) de bouillon de poulet
(voir p. 62)

Préchauffez le four à 180 °C (350 °F). Coupez les poitrines de poulet en deux, enrobez de farine et faites dorer 3 à 4 minutes dans un peu d'huile. Dans une autre poêle, faites revenir 5 minutes oignon et poireau dans un peu d'huile, pour attendrir et dorer. Mettez le poulet, tous les légumes et le bouillon dans un plat à four. Mettez au four 1 heure et remuez à mi-cuisson.

Désossez le poulet et coupez la chair et les légumes en petits morceaux ou réduisez en purée au moulin ou au mélangeur avec le jus de cuisson.

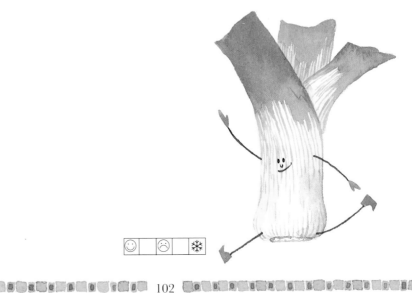

VIANDE

Bœuf aux carottes

Le goût riche et savoureux de ce plat résulte de la cuisson lente de la viande, pour l'attendrir et lui donner la saveur des oignons et des carottes.

DONNE 10 PORTIONS

2 oignons moyens, pelés et tranchés
huile végétale
350 g (³/4 de lb) de bœuf à ragoût maigre, sans gras et coupé en petits morceaux
2 carottes moyennes, pelées et tranchées

1 cube de bouillon de bœuf, émietté OU
15 ml (1 c. à thé) de Marmite (pour les bébés de moins d'un an)
15 ml (1 c. à soupe) de persil haché
600 ml (2 ¹/2 tasse) d'eau
2 grosses pommes de terre, coupées en quartiers

Préchauffez le four à 180 °C (350 °F). Faites dorer les oignons dans un peu d'huile, puis ajoutez la viande et faites brunir de toutes parts. Déposez viande et oignons dans un plat à four et ajoutez tous les ingrédients, sauf les pommes de terre. Couvrez et mettez au four. Après 30 minutes, diminuez la chaleur à 160 °C (325 °F) et cuisez encore 3 ¹/2 heures. Une heure avant la fin de la cuisson, ajoutez les pommes de terre. (Si la viande s'assèche trop pendant la cuisson, ajoutez un peu d'eau.)

Hachez la viande très fin au robot de cuisine ou au mélangeur. Pour varier, vous pouvez aussi inclure des champignons et des tomates à ce plat, en les ajoutant ¹/2 heure avant la fin de la cuisson.

Casserole savoureuse au foie

Le foie est excellent pour les enfants : il est facile à digérer, est une bonne source de fer et s'avère très facile à cuisiner. Je dois avouer que je n'aime pas le goût du foie (on m'a forcée à en manger à l'école…), mais, à mon grand étonnement, mon fils l'adorait quand il avait un an. Cette recette s'accompagne bien d'une purée de pommes de terre.

DONNE 4 PORTIONS

120 g (1/4 de lb) de foie de veau, paré et tranché

30 ml (2 c. à soupe) d'huile végétale

1 petit oignon, pelé et haché

1 grosse carotte (ou 2 moyennes), pelée et hachée

220 ml (7 oz) de bouillon de poulet ou de légumes

2 tomates moyennes, pelées, épépinées et hachées

10 ml (2 c. à thé) de persil frais, haché

Faites revenir le foie dans 15 ml (1 c. à soupe) de l'huile jusqu'à ce qu'il soit doré ; réservez. Faites chauffer le reste de l'huile dans un poêlon et faites revenir l'oignon 2 à 3 minutes. Ajoutez la carotte hachée et faites revenir 2 minutes ; ajoutez le bouillon, portez à ébullition, couvrez et laissez mijoter environ 15 minutes. Hachez le foie en petits morceaux et ajoutez au poêlon avec les tomates et le persil ; faites cuire 3 minutes. Servez tel quel avec une purée de pommes de terre ou réduisez au mélangeur quelques secondes pour obtenir une purée à texture grossière.

☺	☹	❄

Ragoût de veau

Un plat délicieux de veau, de légumes et de fines herbes.
Pour un repas familial, augmentez tout simplement les quantités.

DONNE 3 PORTIONS

1 petit oignon, haché fin

1 carotte, grattée et tranchée

1/2 branche de céleri, tranchée

huile végétale

110 g (1/4 de lb) de veau à ragoût maigre

1 brin de romarin

1 brin de persil

125 ml (1/2 tasse) d'eau

Dans un faitout, faites revenir 3 minutes oignon, carotte et céleri dans un peu d'huile. Coupez le veau en morceaux et ajoutez aux légumes, avec fines herbes et eau. Couvrez et faites mijoter à feu doux 1 heure (en remuant 1 fois). Quand c'est cuit, retirez les fines herbes et hachez veau et légumes au robot de cuisine.

☺ ☹ ❄

Mini-steaks à l'échalote et aux champignons

Voici une bonne recette pour présenter la viande rouge à votre bébé.

DONNE 4 PORTIONS

1 pomme de terre d'environ 225 g ($^1\!/_2$ lb), pelée et hachée
1 échalote ou 65 ml ($^1\!/_4$ de tasse) d'oignon, pelé et haché finement
15 ml (1 c. à soupe) d'huile végétale
110 g ($^1\!/_4$ de lb) de filet de bœuf

170 ml ($^2\!/_3$ de tasse) de champignons, lavés et hachés
15 ml (1 c. à soupe) de beurre
1 tomate, pelée, épépinée et hachée
30 ml (2 c. à soupe) de lait

Faites bouillir la pomme de terre jusqu'à ce qu'elle soit tendre et égouttez. Pendant ce temps, faites revenir l'échalote dans l'huile végétale jusqu'à ce qu'elle soit ramollie. Déposez à la cuiller la moitié de la quantité de l'échalote sur une feuille d'aluminium. Coupez le bœuf en tranches de 1,25 cm ($^1\!/_2$ po) d'épaisseur et disposez-les sur les échalotes. Étalez le reste de l'échalote sur le bœuf. Faites cuire sous le gril préchauffé 3 minutes de chaque côté, ou jusqu'à ce que la viande soit cuite. Faites revenir les champignons dans la moitié de la quantité de beurre 2 minutes, ajoutez la tomate et continuez la cuisson 1 minute. Pilez la pomme de terre avec le lait et le reste du beurre jusqu'à consistance lisse. Hachez ou réduisez en purée le bœuf avec l'échalote, les champignons et la tomate et mélangez à la purée de pommes de terre.

☺ ☹ ❄

Hachis parmentier junior

Préparez de petites portions de ce plat dans des ramequins
pour votre bébé. Voir à la page 155 pour une recette plus adulte.

DONNE 2 À 4 PORTIONS

440 ml (1 3/4 tasse) de pommes de terre
250 ml (1 tasse) de carottes
15 ml (1 c. à soupe) d'huile d'olive
1 petit oignon, pelé et haché
1 petite gousse d'ail, pelée et écrasée
*125 ml (1/2 tasse) de poivron rouge, cœur
enlevé, épépiné et coupé en dés*

150 g (5 oz) de bœuf haché maigre
15 ml (1 c. à soupe) de persil frais, haché
5 ml (1 c. à thé) de concentré de tomate
*125 ml (1/2 tasse) de bouillon de poulet
(voir page 62)*
un peu de beurre
15 ml (1 c. à soupe) de lait

Pelez et hachez les pommes de terre et les carottes. Mettez-les dans une casserole, couvrez d'eau bouillante et faites cuire jusqu'à ce que les légumes soient tendres (environ 20 minutes).

Pendant ce temps, faites chauffer l'huile dans un poêlon et faites revenir l'oignon, l'ail et le poivron rouge 2 à 3 minutes. Ajoutez le bœuf haché et faites dorer. À cette étape-ci, hachez la viande dans un robot culinaire quelques secondes pour obtenir une consistance plus lisse. Remettez dans le poêlon, ajoutez le persil, la pâte de tomate et le bouillon de poulet, portez à ébullition, couvrez et laissez mijoter environ 15 minutes.

Lorsque les pommes de terre et les carottes sont cuites, égouttez-les et pilez-les avec du beurre et du lait jusqu'à consistance lisse. Mélangez à la viande et répartissez dans de petits ramequins de 10 cm (4 po). Faites bien chauffer dans un four préchauffé à 180 °C (350 °F), parsemez ensuite du reste de beurre et placez sous le gril préchauffé du four jusqu'à ce que le dessus soit doré.

Risotto à la viande et aux légumes

DONNE 8 PORTIONS

1/2 oignon, pelé et haché fin
1 carotte, grattée et hachée fin
huile végétale
225 g (1/2 lb) de bœuf haché maigre
8 ml (1/2 c. à soupe) de ketchup
quelques gouttes de sauce Worcestershire

Riz
80 ml (1/3 de tasse) de riz
300 ml (1 1/4 tasse) de bouillon de poulet
(voir page 62)
1/2 poivron rouge, épépiné et haché fin
125 ml (1/2 tasse) de petits pois,
frais ou congelés

Mettez le riz dans une casserole et couvrez de bouillon de poulet. Portez à ébullition et faites mijoter 15 minutes. Incorporez poivron et pois, et cuisez encore 5 minutes.

Entre-temps, faites revenir oignon et carotte dans un peu d'huile végétale 3 minutes. Ajoutez la viande et cuisez, en remuant, pour bien brunir. Incorporez ketchup et sauce Worcestershire, puis cuisez à feu doux 10 minutes. Hachez la viande au robot de cuisine environ 30 secondes, pour qu'elle soit plus facile à mâcher pour votre bébé. Mettez la viande dans une casserole, incorporez le riz (avec le bouillon de poulet) et cuisez à feu doux 3 à 4 minutes.

PÂTES ALIMENTAIRES

Tagliatelles au saumon et au brocoli

Les pâtes plaisent beaucoup aux bébés et aux bambins — les combiner à des aliments nutritifs comme le saumon et le brocoli leur plaira tout autant.

DONNE 6 PORTIONS

750 ml (3 tasses) de tagliatelles
1 petite carotte
190 ml (³/4 de tasse) de petits bouquets
de brocoli
300 ml (1 ¹/4 tasse) de lait
1 feuille de laurier
3 grains de poivre

un brin de persil frais
150 g (5 oz) de filet de saumon, sans peau
15 ml (1 c. à soupe) de beurre
35 ml (2 ¹/2 c. à soupe) de farine
3 ml (¹/2 c. à thé) de jus de citron
125 ml (¹/2 tasse) de cheddar, râpé

Faites cuire les tagliatelles tel qu'il est indiqué sur l'emballage. Faites cuire le brocoli et la carotte à la vapeur ou dans de l'eau bouillante environ 4 minutes, ou jusqu'à ce qu'ils soient tendres. Versez le lait dans une casserole avec la feuille de laurier, les grains de poivre et le persil; portez à ébullition. Baissez le feu, mettez le saumon dans le plat, couvrez et laissez mijoter 6 à 8 minutes ou jusqu'à ce que le poisson soit juste assez cuit. Retirez le saumon à l'aide d'une cuiller à égoutter et filtrez le lait à l'aide d'un tamis.

Faites fondre le beurre, ajoutez la farine et faites cuire 1 minute. Incorporez graduellement le lait avec un fouet. Portez à ébullition et laissez mijoter 2 minutes. Ajoutez, en remuant, le jus de citron et le fromage jusqu'à ce que celui-ci soit fondu.

Effeuillez le poisson et ajoutez à la sauce au fromage avec la carotte et le brocoli coupés en petits morceaux. Coupez les tagliatelles en petits morceaux et ajoutez à la sauce au fromage.

Sauce bolognaise

DONNE 6 PORTIONS DE SAUCE

30 ml (2 c. à soupe) d'huile végétale
1 gros oignon, pelé et haché
1 grosse carotte, râpée
375 ml (1 1/2 tasse) de champignons, tranchés
375 ml (1 1/2 tasse) de bouillon de bœuf
1 gousse d'ail, pelée et écrasée
450 g (1 lb) de bœuf haché maigre
250 ml (1 tasse) de passata *(coulis de tomates)*

15 ml (1 c. à soupe) de concentré de tomate
15 ml (1 c. à soupe) de ketchup
8 ml (1/2 c. à soupe) de sauce Worcestershire
1 feuille de laurier
3 ml (1/2 c. à thé) de fines herbes mélangées séchées
sel et poivre noir fraîchement moulu
(pour les bébés de plus d'un an)

Faites chauffer 15 ml (1 c. à soupe) de l'huile dans un poêlon et faites revenir la moitié de l'oignon 3 minutes, en remuant, de temps à autre. Ajoutez la carotte et les champignons et faites revenir 5 minutes de plus. Mettez dans un mélangeur, versez 125 ml (1/2 tasse) de bouillon de bœuf et réduisez en purée lisse.

Pendant ce temps, faites chauffer le reste de l'huile dans un poêlon et faites revenir l'ail et le reste de l'oignon. Ajoutez le bœuf haché et faites dorer, en remuant de temps à autre. Ajoutez le reste du bouillon, le reste des ingrédients et le mélange carotte-champignons. Portez à ébullition et laissez mijoter à découvert 15 à 20 minutes. Retirez la feuille de laurier et servez.

Étoiles à la tomate et au fromage

La sauce tomate est très savoureuse et, parce qu'elle contient des légumes et du fromage, elle est plus nutritive qu'une sauce tomate habituelle.

DONNE 2 PORTIONS

1 carotte moyenne, pelée et tranchée
250 ml (1 tasse) de bouquets de chou-fleur
45 ml (3 c. à soupe) de pâtes en forme d'étoile ou autres très petites pâtes alimentaires

25 ml (1 ¹/₂ c. à soupe) de beurre
330 g (11 oz) de tomates mûres, pelées, épépinées et hachées
125 ml (¹/₂ tasse) de cheddar, râpé

Mettez les tranches de carotte dans la section inférieure de l'étuveuse. Couvrez d'eau bouillante et faites cuire à feu moyen 10 minutes. Mettez les bouquets de chou-fleur dans le panier de l'étuveuse au-dessus de la carotte, couvrez et faites cuire 5 minutes, ou jusqu'à ce que les légumes soient tendres. Faites cuire les pâtes dans de l'eau bouillante selon les directives sur l'emballage. Pendant ce temps, faites fondre le beurre et faites revenir les tomates environ 3 minutes ou jusqu'à ce qu'elles soient ramollies. Incorporez, en remuant, le cheddar jusqu'à ce qu'il soit fondu. Mélangez la carotte et le chou-fleur avec les tomates et le fromage. Mélangez aux pâtes en étoile.

☺	☹	❄

Coquilles au thon et au maïs

Le thon est une denrée utile à avoir dans son garde-manger. Il est une excellente source de protéines, de vitamine D et de vitamine B12.

DONNE 3 PORTIONS

125 ml (¹/₂ tasse) de coquilles ou autres petites pâtes alimentaires
25 ml (1 ¹/₂ c. à soupe) de beurre
30 ml (2 c. à soupe) de farine
300 ml (1 ¹/₄ tasse) de lait

95 ml (¹/₃ de tasse) de fromage suisse, râpé
125 g (¹/₄ de lb) de thon en conserve, égoutté et défait à la fourchette
125 ml (¹/₂ tasse) de grains de maïs en conserve ou surgelés, cuits

Faites cuire les pâtes selon les directives sur l'emballage. Faites fondre le beurre dans une casserole. Ajoutez la farine et remuez environ 1 minute. Ajoutez lentement le lait en brassant continuellement jusqu'à épaississement de la sauce. Incorporez le fromage, le thon, le maïs et les pâtes et bien faire chauffer.

Salade de thon

Les poissons gras tels le thon et le saumon contiennent des acides gras oméga-3 qui contribuent à la prévention des maladies cardiovasculaires et jouent un rôle important dans le développement du cerveau et de la vision.

DONNE 4 PORTIONS

375 ml (1 $^1/_2$ tasse) de papillons (ou de coquilles), cuits
1 oignon vert, haché finement, ou une petite échalote, pelée et coupée en dés
170 ml ($^2/_3$ de tasse) de thon en conserve dans de l'huile, égoutté et défait à la fourchette
3 tomates cerises, coupées en quartier

65 ml ($^1/_4$ de tasse) de grains de maïs en conserve (ou surgelés et cuits)
1 petit avocat, pelé, dénoyauté et coupé en petits morceaux (facultatif)

Vinaigrette
15 ml (1 c. à soupe) de mayonnaise
15 ml (1 c. à soupe) d'huile d'olive
5 ml (1 c. à thé) de jus de citron frais

Mélangez les ingrédients de la vinaigrette. Combinez les pâtes cuites avec les ingrédients de la salade et mélangez avec la vinaigrette. Des graines de sésame dorées dans un poêlon sans gras peuvent être saupoudrées sur la salade (voir page 138).

MENUS POUR LES BÉBÉS DE NEUF À DOUZE MOIS

	Matin	*Collation*	*Midi*
Jour 1	**Müesli suisse aux fruits** **Abricots séchés avec papaye et poire** avec yogourt Lait	Lait	**Boulettes de poulet et de pomm** Légumes à prendre avec les doigts **Pouding au riz aux fraises** Eau
Jour 2	*Chex* (ou autre céréale) Fromage sur pain grillé Fruit Lait	Lait	**Mini-steaks à l'échalote et aux champignons** **Gelée aux fruits maison** Fruit Eau
Jour 3	Œufs brouillés et pain grillé Fruits et fromage cottage Lait	Lait	**Coquilles au thon et au maïs** Eau
Jour 4	**Crêpes passe-partout** Fruit Lait	Lait	**Casserole savoureuse au foie** **Casserole arc-en-ciel** Purée de papaye Eau
Jour 5	**Pain doré à l'emporte-pièce** **Flan aux abricots, pomme et poire** Lait	Lait	**Poulet «bang bang»** **Chou surprise** **Gelée aux fruits maison** Fruit Eau
Jour 6	**Müesli aux fruits d'été** Yogourt avec fruits séchés Lait	Lait	**Bœuf aux carottes** **Banane en fête** Eau
Jour 7	**Œuf brouillé au fromage** Languettes de pain grillé **Yogourt à la pêche et à la banane** Lait	Lait	**Poulet au couscous** **Semoule au lait à la poire** Eau

Collation	Soir	Au coucher
Lait	Mini-sandwiches Légumes à prendre avec les doigts Jus ou eau	Lait
Lait	**Étoiles à la tomate et au fromage** Yogourt Jus ou eau	Lait
Lait	**Soupe de courgettes et de pois** Fruit Jus ou eau	Lait
Lait	**Légumes au fromage Pommes et mûres** Jus ou eau	Lait
Lait	**Étoiles aux tomates et aux courgettes** Fruit Jus ou eau	Lait
Lait	**Bâtonnets de sole** Légumes à manger avec les doigts **Pouding au riz et aux pêches** Jus ou eau	Lait
Lait	**Purée de lentilles et de légumes à la pomme** Bâtonnets de fromage **Pommes au four avec raisins secs** Jus ou eau	Lait

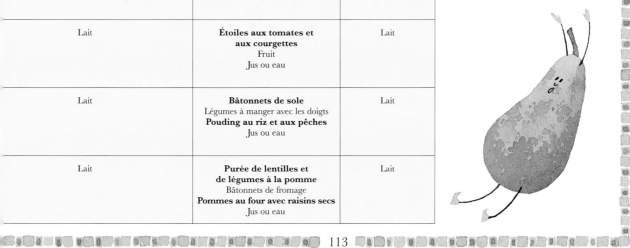

CHAPITRE CINQ

LES BAMBINS

J'ai constaté qu'une fois qu'ils ont atteint l'âge d'un an, les bambins préfèrent faire preuve d'indépendance et se nourrir par eux-mêmes. Plus votre enfant s'exercera à manger avec une cuiller et une fourchette, plus il maîtrisera rapidement l'art de se nourrir lui-même ; il est même possible qu'une partie des aliments se retrouvent dans sa bouche ! Un bavoir du type « pélican » — rigide, doté d'une rigole dans la partie inférieure conçue pour récupérer les aliments en chute libre — est un outil très utile. Si votre bambin a de la difficulté à manger avec une cuiller, offrez-lui plutôt des aliments qu'il peut prendre avec ses doigts tels que des languettes de poisson ou de légumes crus, et de la trempette. Veillez, cependant, à éloigner les aliments comme les olives, les noix et les litchis frais de votre jeune enfant. Les bambins portent tout ce qu'ils trouvent à leur bouche et il serait trop facile pour eux de s'étouffer avec ce type d'aliments.

DES REPAS AGRÉABLES ENSEMBLE

Les bambins ont un petit estomac et, souvent, ne peuvent manger suffisamment à l'heure des repas pour combler tous leurs besoins énergétiques ; on doit donc leur offrir trois repas et trois collations à des moments déterminés pendant le jour. Le présent ouvrage comporte une section entière sur les collations santé — évitez donc de donner à votre bambin des sucreries ou des collations commerciales traitées lorsque vous pouvez lui donner des légumes crus accompagnés d'une trempette. Les bambins que l'on habitue à consommer des collations saines sont davantage enclins à maintenir cette habitude plus tard. Il serait cependant mauvais de leur défendre complètement de manger des bonbons ou des beignets : ils en voudront à tout prix et en mangeront chaque fois qu'ils en auront l'occasion.

Bien des bambins prennent plaisir à manger des aliments beaucoup plus raffinés que nous pouvons l'imaginer. Laissez votre enfant goûter aux aliments dans votre assiette et vous serez peut-être très étonné de voir les saveurs qu'il aime. Bien sûr, la nourriture qui se trouve dans l'assiette de maman ou papa est bien plus intéressante que celle qui se trouve dans la sienne… Vous pouvez donc, de temps en temps, inciter votre enfant à mieux manger si vous mettez son repas dans votre assiette. Or, à cette étape-ci de son évolution, le bambin peut, en grande partie, manger les mêmes choses que les adultes. Je suis tout à fait d'accord pour donner des aliments «pour adultes» aux enfants le plus tôt possible, et presque toutes les recettes qui suivent conviennent à toute la famille. Efforcez-vous de manger *avec* votre enfant au lieu de simplement lui introduire de la nourriture dans la bouche. Il sera plus heureux de manger *avec* vous — après tout, qui aime manger seul ?

Essayez de changer vos propres habitudes alimentaires en ajoutant moins de sel et de sucre à vos aliments — votre enfant pourra ainsi manger presque tout ce que vous cuisinez. J'espère que vous passerez de bons moments à manger ensemble et que vos enfants vous présenteront d'excellentes nouvelles recettes !

MON ENFANT NE VEUT PAS MANGER !

Après l'âge d'un an, votre enfant va se mettre à dépenser beaucoup plus d'énergie, et presque tous les bambins, à un moment ou un autre, perdront intérêt pour la nourriture et préféreront jouer avec leurs jouets et courir partout. C'est un moment difficile à passer parfois, mais il est important que vous n'en fassiez pas «tout un plat» si votre enfant refuse de manger. Lorsqu'il aura faim, il va manger et, plus vous vous affolerez, plus il refusera de manger. Soyez patient avec lui — cette phase n'est que temporaire.

Si votre bambin aime vraiment manger et qu'il mange bien aux repas, vous avez beaucoup de chance. Je connais plusieurs mères qui s'inquiètent constamment du fait que leur enfant ne mange pas assez. La majorité de ces inquiétudes sont non fondées et les bambins peuvent se développer parfaitement avec une quantité très limitée de nourriture. Les bambins sont imprévisibles : il y a des jours où ils ont une faim de loup, tandis que d'autres jours, ils ne mangent presque rien. Si vous faites la somme de tout ce que votre enfant consomme pendant une semaine au lieu d'une seule journée, vous ne serez peut-être pas aussi inquiet s'il refuse de manger parfois.

Plusieurs mères se plaignent que leur bambin refuse de manger de la viande ou du poisson. Or, il existe d'autres excellentes sources de protéines telles que le beurre d'arachides, les œufs ou les produits laitiers. Ensuite, il y a des mères qui s'arrachent les cheveux parce que leur enfant n'accepte de manger qu'un seul aliment. C'est tout à fait normal: contrairement aux adultes, les enfants aiment la répétition dans leur alimentation et sont souvent méfiants lorsqu'il s'agit d'essayer de nouveaux aliments.

Évitez les calories vides que constituent les biscuits, les gâteaux et les bonbons. À la place, offrez des fruits ou des légumes crus tels que carottes et concombres accompagnés de savoureuses trempettes ou de fromage. Ne donnez pas à boire à votre enfant avant son repas — il pourrait ne plus avoir faim.

Malheureusement, ces 50 dernières années, la consommation de biscuits des enfants a quadruplé, celle des confiseries est 25 fois plus élevée et les boissons gazeuses, 48 fois plus élevée. Pendant la même période, la consommation de lait, de pain, de fruits et de légumes a diminué. Les aliments traités et les prêts-à-manger si populaires de nos jours contiennent de grandes quantités de gras saturés, de sel et de sucre. Il est très important de veiller à ce que les enfants consomment autant d'aliments frais que possible. Un enfant sur quatre aux États-Unis souffre d'embonpoint, tandis que le nombre d'enfants obèses a doublé ces 20 dernières années.

À son âge, votre enfant est probablement fort indépendant et préfère peut-être se nourrir lui-même. Les bambins prennent plaisir à jouer avec leurs aliments — cela fait partie du processus d'apprentissage. Laissez votre enfant manger ses spaghettis avec ses mains et mettre un doigt dans sa gelée pour la voir trembler. Vous aurez tout le temps voulu par la suite pour lui montrer les bonnes manières à table une fois qu'il aura fini ses expériences. Laissez votre enfant vous aider à préparer les repas — cela aura peut-être comme effet de mousser son intérêt pour la nourriture. Mon fils est toujours prêt à m'aider, surtout lorsqu'il s'agit de faire des biscuits. Il adore pétrir la pâte, la rouler et la couper en différentes formes. Il trouve cela plus amusant que de jouer avec de la pâte à modeler!

Une grande partie des problèmes liés au refus de manger peuvent être réglés par une présentation attrayante des aliments. Choisissez des aliments de couleur vive. Utilisez des assiettes de plastique à plusieurs compartiments et mettez-y deux ou trois aliments différents. Nous préparons des petits repas à la chinoise à la maison et vous pouvez vous procurer des baguettes qui sont attachées dans leur partie supérieure dont un enfant de trois ans peut se servir. Vous devriez voir le plaisir qu'ils ont à prendre leurs aliments avec leurs baguettes et combien grand ils ouvrent la bouche!

Il peut être amusant parfois d'agencer les aliments de façon intéressante dans l'assiette, d'en faire des motifs. Vous pouvez aider à l'apprentissage de votre enfant en formant des chiffres ou des lettres avec ses aliments ou des visages. Vous pouvez vous servir de petits emporte-pièce de fantaisie pour couper du pain, des sandwiches ou du fromage en toutes sortes de formes différentes pour stimuler l'intérêt de votre enfant. Vous pouvez aussi donner des noms aux aliments comme des carottes à la Bugs Bunny ou de la soupe Mickey Mouse. Cela peut vous sembler drôle, mais si votre enfant croit que c'est ce que son personnage préféré mange, il y a fort à parier qu'il en fera autant.

N'empilez pas trop de nourriture dans son assiette; il est grandement préférable que votre enfant en redemande. Les bambins adorent les portions individuelles de nourriture. Préparez donc des minicasseroles, par exemple, qui sont beaucoup plus attrayantes qu'une montagne de viande et de pommes de terre dans une assiette, et des petits gâteaux au lieu de lui offrir une tranche d'un gros gâteau.

Si vous avez donné à votre enfant un bon choix d'aliments et qu'il refuse toujours de manger, il est fortement déconseillé de lui offrir le contenu du frigo et du garde-manger. Expliquez-lui qu'il n'y a pas autre chose à manger sauf ce qu'il a devant lui. S'il est très agité et qu'il ne veut toujours pas manger, remettez l'assiette au réfrigérateur et ressortez-la un peu plus tard. Les jeunes enfants ne mangent que lorsqu'ils ont faim ; il n'y a aucun cas connu d'enfants morts de faim par entêtement.

Pour le petit déjeuner, donnez à votre enfant du gruau ou des *Chex* au lieu de céréales enrobées de sucre, et du pain grillé avec du beurre d'arachides ou du végépâté au lieu de confitures. Du fromage sur du pain grillé et des œufs brouillés sont d'autres solutions de rechange santé pour le petit déjeuner. Pour le repas du soir, le poulet grillé est préférable aux pépites de poulet, le pâté de poisson aux bâtonnets de poisson, les pâtes au brocoli ou à la sauce tomate maison aux spaghettis en conserve, les hamburgers maison aux hamburgers surgelés, et le hachis parmentier aux saucisses et frites. En fait de collation, offrez-lui du maïs éclaté au lieu de croustilles, et des fruits séchés tels des abricots ou des raisins secs enrobés de yogourt au lieu de bonbons. Donnez-lui des jus ou des laits fouettés faits de jus de fruits purs au lieu de boissons aux fruits qui contiennent souvent moins de 10 p. cent de jus et beaucoup de sucre et d'eau.

Si vous réussissez à rendre les repas agréables, votre enfant mangera bien avec vous. Un repas au restaurant de temps à autre peut s'avérer un excellent stimulant de l'appétit de votre enfant. Même aller manger chez des amis peut parfois aider, surtout s'il s'y trouve un autre enfant qui aime manger !

LES ALIMENTS DE CHOIX

Proportionnellement à leur poids, les enfants de moins de cinq ans nécessitent de plus grandes quantités de matières grasses que les adultes. Cela dit, à moins que votre enfant ait des kilos en trop, ne lui donnez pas d'aliments à teneur réduite en gras. Le gras est une source importante d'énergie et de vitamines hydrosolubles dont votre bambin a besoin pour grandir. Bien sûr, il y a toujours des exceptions à la règle, et un enfant qui souffre d'un excès de poids doit limiter sa consommation d'aliments traités et gras et consommer plutôt des produits laitiers faibles en gras.

Les aliments riches en fibres consommés en grandes quantités ne conviennent pas à cause du volume qu'ils occupent, de la sensation de satiété qu'ils entraînent et parce qu'ils ne fournissent pas suffisamment de calories pour l'enfant en pleine croissance. De plus, une alimentation riche en fibres peut nuire à l'absorption de minéraux importants comme le fer. Si votre enfant mange de bonnes quantités de fruits et de légumes, il aura ainsi toutes les fibres dont il a besoin.

Lorsque votre enfant aura atteint l'âge d'un an, vous pouvez remplacer le lait maternisé par du lait de vache entier, mais ne lui donnez pas du lait faible en gras avant l'âge de deux ans parce que la valeur énergétique de ce lait est faible et que votre enfant a besoin d'énergie pour grandir. Le lait écrémé ne devrait pas faire partie de l'alimentation de votre enfant avant l'âge de cinq ans. Les enfants de plus d'un an ont besoin de 440 ml (1 ¾ tasse) de lait entier par jour. Dans le cas d'enfants très capricieux, il y a peut-être des avantages à continuer de leur donner un lait maternisé de transition (enrichi de vitamines et de fer) jusqu'à l'âge de deux ans.

Bien que de plus en plus de gens délaissent la viande rouge à la faveur du poisson et du poulet, gardez à l'esprit que la viande rouge fournit plus de fer et de zinc que le poisson et le poulet. Préparez des repas savoureux avec de la viande hachée maigre. Un bon truc : faites cuire la viande et passez-la ensuite au robot culinaire pour qu'elle ne soit pas trop grumeleuse. Il existe aussi de délicieuses recettes de hamburgers, de boulettes et de hachis (voir aux pages 153-155) qui font d'excellents repas pour la famille.

Évitez autant que possible les viandes traitées comme les saucisses, le salami et les charcuteries.

Si vous donnez à votre enfant une alimentation exclusivement végétarienne, ou s'il n'aime tout

simplement pas la viande, veillez à inclure des aliments riches en nutriments comme le fromage et les œufs. Si votre enfant consomme une bonne variété d'aliments, une alimentation végétarienne peut lui fournir tous les nutriments dont il a besoin. Il est très important d'inclure quotidiennement des sources végétariennes de fer telles que

légumes verts, légumineuses, céréales enrichies de vitamines et fruits séchés dans son alimentation. Assurez-vous aussi de lui donner des aliments et des boissons qui contiennent de la vitamine C au moment des repas riches en fer, qui aide à l'absorption du fer des sources non animales.

Les pâtes demeurent les grandes préférées des bambins. Vous pouvez les combiner à d'autres aliments santé tels que légumes et thon. Les pâtes en morceaux individuels comme les penne ou les fusillis sont plus faciles à manger pour les enfants. (Quoique mon fils Nicholas, lorsqu'il avait 20 mois, a créé sa propre méthode de manger les spaghettis : il tenait le spaghetti par les deux extrémités en face de lui et l'aspirait par le centre ! En fait de bonnes manières, il n'aurait pas remporté le premier prix, mais la méthode était fort efficace.)

Fruits et desserts

Le présent chapitre comporte plusieurs recettes de délicieux desserts chauds et froids, faciles à préparer et appétissants pour toute la famille. Or, il n'y a rien d'aussi délicieux et de meilleur pour votre santé que des fruits frais et mûrs. Veillez à ce que votre enfant en consomme de bonnes quantités tous les jours. Aucun des nutriments ni des vitamines n'est détruit par la cuisson, et les fruits font d'excellents aliments à manger avec les doigts pour votre bambin.

Les fruits débordent de puissants antioxydants et de substances naturelles appelées phytochimiques qui aident à stimuler le système immunitaire et à protéger le corps des maladies cardiovasculaires et du cancer. Les cas de cancers se multiplient. Environ le tiers de ceux-ci sont liés à notre alimentation, et les chercheurs évaluent qu'une alimentation composée en majeure partie de fruits et légumes au lieu de matières grasses et d'aliments traités, ainsi que de l'exercice, peuvent réduire l'incidence de cancers d'au moins 30 p. cent.

Un fruit entier dans un bol à fruits n'est pas très attrayant pour un enfant qui a faim, mais si vous lui présentez un beau choix de fruits frais coupés en morceaux et que vous les laissez sur la tablette inférieure du frigo, vous aiderez votre enfant à éviter les collations de croustilles et de biscuits.

Les fruits séchés, surtout les abricots, sont très nutritifs parce que le processus de déshydratation aide à la concentration des nutriments qu'ils contiennent. N'en donnez pas trop entre les repas, cependant, parce qu'ils collent aux dents et même les sucres naturels peuvent causer des caries.

Les kiwis, les fruits citrins et les baies sont riches en vitamine C et aident à l'absorption du fer. Veillez donc à en inclure dans l'alimentation de votre enfant. Vous pouvez ajouter des fruits frais ou séchés aux céréales du matin. Vous pouvez aussi vous procurer une centrifugeuse pour faire vos propres laits frappés aux fruits frais. Les jus de fruits et les laits frappés du commerce sont également valables, mais méfiez-vous des boissons aux fruits qui souvent ne contiennent aussi peu que 10 p. cent de jus. Lisez bien les étiquettes. Les jus sont de bonnes sources de vitamines, mais souvenez-vous que ce n'est qu'en mangeant tout le fruit que votre enfant obtient des fibres.

Étant donné que différents fruits contiennent différents nutriments, assurez-vous d'en inclure une grande variété dans l'alimentation de votre enfant. Faites-lui essayer des fruits plus exotiques. Un kiwi contient plus de vitamine C que la quantité recommandée quotidiennement pour un adulte. C'est une excellente collation lorsqu'il est coupé en deux, placé dans un coquetier et mangé avec une cuiller à thé. Vous pouvez également préparer une salade de fruits tropicaux composée de mangue, de boules de melon, d'ananas dans une sauce faite de jus d'orange frais et de fruit de la passion.

Vous pouvez aussi préparer de délicieuses sucettes glacées à partir de purées de fruits frais, de yogourt, de jus de fruits ou de laits frappés aux jus de fruits. Les moules à sucettes glacées sont peu coûteux. Étant donné que c'est le type de gâteries auxquelles peu d'enfants résistent, voilà une bonne façon d'encourager votre enfant à manger davantage de fruits.

Des crèmes glacées de toutes les couleurs, formes et quantités sont vendues partout dans le

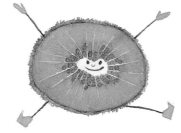

monde. Or, la qualité de certains de ces produits pâlit comparativement à ceux que l'on peut préparer soi-même. Si vous achetez de la crème glacée, optez pour celles qui sont faites à partir d'ingrédients naturels. Si vous voulez tenter d'en faire vous-même, il vaut vraiment la peine d'investir dans une machine à crème glacée qui baratte le mélange pendant qu'elle la congèle. Croyez-moi, vous ferez bon usage d'un appareil semblable au fil des années et vos enfants seront très populaires auprès de leurs amis lorsque ces derniers seront invités à manger chez vous.

Les pâtisseries pour les bambins

Le premier anniversaire de votre enfant est une grande occasion pour lui, mais un moment probablement plus excitant encore pour ses parents et ses grands-parents! Il est très amusant de préparer la nourriture pour la fête d'un enfant. N'importe qui peut commander un gâteau d'anniversaire en forme de train de la pâtisserie du coin, mais il est tellement plus impressionnant et satisfaisant de le préparer et de le décorer soi-même. Votre enfant adorera vous aider à la préparation et à la décoration du gâteau… qui l'amuseront probablement encore plus que de le manger.

Toute recette de gâteau éponge ou aux fruits peut être façonnée dans la forme fantaisiste que vous voulez. Plusieurs types de petits gâteaux peuvent être servis à la fête d'un enfant. Plusieurs des recettes de gâteaux contiennent des ingrédients sains et le moins d'ingrédients indésirables possible, tandis que d'autres sont des gâteries «pures et dures».

Collations santé

Si votre enfant est heureux de manger trois repas par jour, c'est très bien et très pratique pour tout le monde, mais, soyons réalistes, presque tous les enfants de cet âge aiment grignoter entre les repas. Alors que ces collations viennent complémenter les repas de certains enfants, elles constituent parfois la majeure partie des éléments nutritifs consommés quotidiennement par ceux qui n'ont pas la patience de s'asseoir à table pour manger un repas complet. Parce que son estomac est petit, le bambin ne mange souvent pas suffisamment au petit déjeuner pour avoir toute l'énergie dont il a besoin pour courir de tous bords, tous côtés toute la matinée jusqu'à, disons, l'heure du repas. Comme je l'ai mentionné précédemment, plusieurs petits repas — des collations santé — pendant la journée sont, en fait, plus santé que trois repas principaux. Les collations constituent donc une part très importante de l'alimentation de votre enfant. Si vous l'encouragez à apprécier des collations santé au lieu de bonbons et de croustilles, il y a de fortes chances qu'il conservera ces bonnes habitudes sa vie durant et qu'il aura une alimentation somme toute beaucoup plus saine.

Veillez à ce que votre garde-manger et votre réfrigérateur regorgent de collations santé (voir les pages 180-181) et, lorsque vous sortez avec votre bambin, essayez de vous rappeler d'apporter un sac de grignotines santé avec vous. Les petits enfants dépensent beaucoup d'énergie et ils mettent peu de temps à avoir à nouveau faim après un repas.

TEXTURES ET QUANTITÉS

À cette étape-ci, vous n'avez plus à réduire en purée les aliments de votre enfant. Au contraire, il devrait commencer à s'habituer à mastiquer ses aliments. Aussi longtemps que vous donnerez des purées à votre enfant parce qu'il préfère ses aliments ainsi, plus il vous sera difficile de l'encourager à bien mastiquer et avaler ses aliments. En fait, mâchouiller des aliments durs comme des carottes crues devrait l'aider à soulager ses gencives endolories. Bon nombre de bambins, cependant, n'aiment pas mordre dans de gros morceaux de viande; il est donc parfois nécessaire de «briser» la viande au mélangeur avant de la lui servir. J'ai constaté que les bambins acceptent plus volontiers la viande hachée, le foie et le poulet que les gros morceaux de viande.

Les quantités que je fournis pour les recettes du présent chapitre sont pour des portions pour adultes. Chaque enfant étant différent, vous devez juger par vous-même de la portion à servir à votre enfant en fonction de son appétit. Il peut manger le quart d'une portion pour adulte ou la portion au complet s'il est affamé et gourmand!

LES BAMBINS AVEC UN EXCÈS DE POIDS

Aux États-Unis, un enfant sur dix de moins de cinq ans souffre d'embonpoint et 13 p. cent de tous les enfants sont obèses. Si votre enfant souffre d'embonpoint, vous devriez discuter avec votre médecin des meilleures façons de réduire son apport en calories. Optez pour des aliments plus sains au lieu de réduire les portions. Aucun enfant ne devrait avoir à souffrir de la faim. Éliminez les aliments sucrés, gras et traités. Offrez-lui des céréales riches en fibres comme *Chex* ou des flocons de son, des pommes de terre au four au lieu de frites, et du poulet grillé ou rôti au lieu de pépites. Le lait faible en gras peut être introduit à partir de l'âge de deux ans.

LÉGUMES

Ratatouille avec riz ou pâtes

Les légumes d'une ratatouille sont souvent très mous et donc faciles à mâcher pour votre enfant. Utilisez une aubergine et des courgettes bien fermes, sinon votre ratatouille pourrait être amère. Servez-la comme mets d'accompagnement à un repas avec du riz, comme ci-dessous, ou avec de petites pâtes.
Ce plat peut être congelé sans le riz.

DONNE 4 PORTIONS D'ADULTE

30 ml (2 c. à soupe) d'huile d'olive
1 oignon rouge, pelé et haché
1 gousse d'ail, pelée et écrasée
1 petit poivron rouge et 1 petit poivron vert,
épépinés et coupés en dés
1 courgette, parée et coupée en dés
1 petite aubergine, parée et coupée en dés
400 ml (14 oz) de tomates hachées,
en conserve

une pincée de sucre
5 ml (1 c. à thé) de vinaigre de vin rouge
sel et poivre

Riz
un cube de bouillon de légumes
1 feuille de laurier
250 ml (1 tasse) de riz à grain long

Faites chauffer l'huile dans un grand poêlon et faites cuire l'oignon et l'ail 1 à 2 minutes. Ajoutez les poivrons et la courgette et faites cuire 4 à 5 minutes. Ajoutez l'aubergine et faites cuire 5 minutes. Incorporez, en remuant, les tomates hachées, le sucre et le vinaigre de vin rouge ; portez à ébullition et faites cuire à feu doux 10 minutes. Salez et poivrez.

Pour le riz : mettez les légumes, le cube de bouillon émietté et la feuille de laurier dans une grande casserole d'eau. Ajoutez le riz et faites cuire selon les directives sur l'emballage.

☺ ☹

Riz frit multicolore

Les bébés adorent le riz et cette recette est très appétissante car elle est très colorée. Pour les bébés plus âgés, vous pouvez façonner de petits voiliers : coupez un poivron rouge en deux, remplissez les deux moitiés de riz et disposez deux croustilles de maïs à la verticale dans le riz en guise de voiles.

DONNE 6 PORTIONS D'ADULTE

300 ml (1 ¹/4 tasse) de riz basmati
190 ml (³/4 de tasse) de carottes, coupées en dés
190 ml (³/4 de tasse) de pois surgelés
190 ml (³/4 de tasse) de poivrons rouges, épépinés et coupés en dés

2 œufs, légèrement battus
45 ml (3 c. à soupe) d'huile végétale
1 petit oignon, pelé et haché finement
1 oignon vert, haché finement
15 ml (1 c. à soupe) de sauce soja
sel

Lavez soigneusement le riz et faites-le cuire selon les directives sur l'emballage dans une casserole d'eau légèrement salée jusqu'à ce qu'il soit tendre. Faites cuire à la vapeur les carottes, les pois et les poivrons rouges 5 minutes ou jusqu'à ce qu'ils soient tendres. Faites chauffer 15 ml (1 c. à soupe) de l'huile dans un poêlon. Salez légèrement les œufs, ajoutez au poêlon en l'inclinant afin que les œufs battus forment une couche mince dans le fond et soient cuits comme une omelette très fine. Retirez du poêlon et coupez en fines lanières. Pendant ce temps, versez 30 ml (2 c. à soupe) d'huile dans un wok ou un poêlon et faites revenir l'oignon haché jusqu'à ce qu'il soit tendre. Ajoutez le riz et les légumes et faites cuire, en remuant, 2 à 3 minutes. Ajoutez les œufs et l'oignon vert et faites cuire, en remuant, 2 minutes de plus. Versez la sauce soja en filet avant de servir.

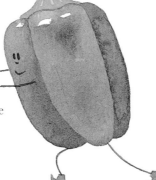

☺ ☹

Pommes de terre farcies

Les pommes de terre farcies font un excellent repas pour les petits enfants. Il y a d'innombrables farces que vous pouvez préparer. Piquez à la fourchette des pommes de terre moyennes et badigeonnez-les d'huile. Faites-les cuire dans un four préchauffé à 190 °C (375 °F) 75 à 90 minutes, ou jusqu'à ce qu'elles soient tendres. Vous pouvez aussi accélérer la cuisson en piquant les pommes de terre que vous envelopperez dans du papier absorbant et ferez cuire au micro-ondes 7 à 8 minutes. Ensuite, badigeonnez-les d'huile et mettez-les à cuire au four 45 à 50 minutes, ou jusqu'à ce qu'elles soient tendres.

Videz délicatement les pommes de terre de leur chair à l'aide d'une cuiller en veillant à en laisser suffisamment sur le pourtour pour qu'elles gardent leur forme. Vous voilà maintenant prêt à préparer les différentes farces.

Garniture de pommes de terre aux légumes et fromage

DONNE 4 PORTIONS D'ADULTE

60 ml (¹/₄ de tasse) chacun de fleurettes de brocoli et chou-fleur
4 pommes de terre moyennes, cuites au four
15 ml (1 c. à soupe) de beurre

125 ml (¹/₂ tasse) de lait
125 ml (¹/₂ tasse) de fromage cheddar, râpé
2 tomates moyennes, pelées et en dés
1 ml (¹/₄ de c. à thé) de sel
fromage râpé, pour garnir

Cuisez brocoli et chou-fleur environ 6 minutes à la vapeur, pour attendrir, puis hachez fin. Écrasez la pulpe des pommes de terre avec margarine et lait, pour rendre homogène. Incorporez fromage, tomates, légumes cuits hachés et sel, puis déposez le mélange dans les pommes de terre. Parsemez dessus un peu de fromage et faites gratiner au gril.

Pommes de terre farcies
au thon et au maïs

D'autres délicieuses farces : oignon vert et bacon à la crème sûre (crème aigre),
et chili végétarien au fromage.

DONNE 2 PORTIONS D'ADULTE

2 pommes de terre moyennes, cuites au four
30 ml (2 c. à soupe) de mayonnaise
30 ml (2 c. à soupe) de lait
250 ml (1 tasse) de cheddar, râpé
sel et poivre

150 g (5 oz) de thon dans de l'huile,
en conserve, égoutté
90 g (3 oz) de grains de maïs en conserve
ou surgelés et cuits
1 oignon vert, tranché mince (facultatif)

Coupez les pommes de terre en deux et retirez-en la chair à l'aide d'une cuiller en veillant à en laisser suffisamment sur le pourtour pour qu'elles gardent leur forme. Pilez la chair avec la mayonnaise, le lait et 125 ml (½ tasse) de fromage râpé ; salez et poivrez au goût. Incorporez, en remuant, le thon émietté, le maïs et l'oignon vert (si utilisé). Remettez, à la cuiller, ce mélange dans les pelures de pommes de terre, disposez-les sur une tôle à biscuits et saupoudrez-les du reste du fromage râpé. Faites dorer sous le gril préchauffé environ 2 minutes ou jusqu'à ce qu'elles soient dorées.

Tomates farcies

Un autre plat facile et appétissant, qui se prépare à l'avance.

DONNE 2 PORTIONS D'ADULTE

2 œufs, cuits dur
2 tomates moyennes
15 ml (1 c. à soupe) de mayonnaise

15 ml (1 c. à soupe) de ciboulette hachée
sel et poivre

Pelez les tomates, puis coupez le dessus et évidez l'intérieur. Jetez les graines, mais gardez les petits morceaux de pulpe. Écaillez les œufs, puis écrasez en incorporant pulpe des tomates, mayonnaise, ciboulette, sel et poivre. Farcissez les tomates du mélange et déposez le «couvercle» des tomates dessus.

Rissoles aux légumes

Les noix et le tofu sont excellents pour les végétariens car ils contiennent un bon nombre des nutriments habituellement de source animale. Le tofu et les noix d'acajou sont tous deux d'excellentes sources de protéines et de fer.

DONNE 10 RISSOLES

300 ml (1 ¹/₄ tasse) de carottes, râpées
1 courgette moyenne, extrémités enlevées, râpée
250 ml (1 tasse) de poireaux, hachés finement
1 gousse d'ail, pelée et écrasée
625 ml (2 ¹/₂ tasses) de champignons, hachés
25 ml (1 ¹/₂ c. à soupe) de beurre
220 ml (7 oz) de tofu ferme, coupé en morceaux

125 ml (¹/₂ tasse) de noix d'acajou, non salées, hachées finement
500 ml (2 tasses) de panure de pain blanc (faite à partir de pain tranché)
15 ml (1 c. à soupe) de sauce soja
15 ml (1 c. à soupe) de miel liquide
sel et poivre
farine pour enrober
huile végétale pour la friture

Préparez les légumes et, à l'aide des mains, exprimez tout excès de liquide des carottes et de la courgette râpées. Faites fondre le beurre dans un poêlon et faites revenir les poireaux, l'ail, les carottes et la courgette 2 minutes. Ajoutez les champignons et faites cuire 2 à 3 minutes, en remuant de temps à autre.

Ajoutez le tofu, les noix d'acajou, la panure, la sauce soja, le miel, le sel et le poivre, mélangez bien et façonnez 10 rissoles. Enfarinez et faites dorer dans l'huile environ 2 minutes.

Beignets aux carottes
et aux courgettes

Faciles à préparer, ces beignets sont une bonne façon d'encourager votre enfant à manger davantage de légumes. Ils sont également un délicieux mets d'accompagnement de vos repas en famille.

DONNE 4 PORTIONS D'ADULTE

90 g (3 oz) de carotte, pelée
90 g (3 oz) de courgette, parée
90 g (3 oz) de pomme de terre, pelée
1 oignon moyen, pelé
45 ml (3 c. à soupe) d'amandes moulues

30 ml (2 c. à soupe) de farine
30 ml (2 c. à soupe) d'œuf, légèrement battu
sel et poivre au goût
huile végétale pour la friture

Râpez la carotte, la courgette, la pomme de terre et l'oignon. Prenez de petites quantités de légumes râpés dans la paume de la main et exprimez l'excès de liquide. Mettez les légumes dans un bol et mélangez-les avec les amandes moulues, la farine et l'œuf. Salez et poivrez au goût. À l'aide des mains, façonnez 6 beignets ronds et plats et faites dorer chaque côté dans de l'huile végétale jusqu'à ce qu'ils soient entièrement cuits (environ 6 minutes).

Omelette espagnole

Très bonne servie froide, coupée en pointes, le lendemain.
Je suggère également certains ajouts à l'omelette de base.

DONNE 4 PORTIONS D'ADULTE

45 ml (3 c. à soupe) d'huile d'olive
180 g (6 oz) de pommes de terre, pelées et
coupées en cubes de 1,25 cm (¹/2 po)
1 oignon, pelé et haché finement
¹/2 petit poivron rouge, épépiné et haché
125 ml (¹/2 tasse) de pois surgelés
4 œufs
30 ml (2 c. à soupe) de parmesan, râpé
sel et poivre

Variantes suggérées :
30 ml (2 c. à soupe) de fromage suisse,
râpé, au lieu du parmesan
1 grosse tomate, pelée, épépinée et hachée
OU
170 ml (²/3 de tasse) de champignons,
tranchés
15 ml (1 c. à soupe) de ciboulette, ciselée
OU
170 ml (²/3 de tasse) de jambon cuit ou de
bacon, coupé en dés
85 ml (¹/3 de tasse) de grains de maïs au
lieu des pois

Faites chauffer l'huile dans un poêlon de 18 cm (7 po) à revêtement antiadhésif. Faites frire les pommes de terre et l'oignon 5 minutes, ajoutez ensuite le poivron rouge et faites cuire 5 minutes de plus. Ajoutez les pois et poursuivez la cuisson 5 minutes. Battez les œufs avec 15 ml (1 c. à soupe) d'eau et le parmesan ; salez et poivrez. Versez le mélange sur les légumes et faites cuire 5 minutes ou jusqu'à ce que l'omelette soit presque prise. Pour terminer, placez sous le gril chaud environ 3 minutes ou jusqu'à ce qu'elle soit dorée. (Enrobez la poignée du poêlon de papier d'aluminium pour éviter qu'elle ne brûle, si nécessaire.) Coupez en triangles et servez-les chauds ou froids avec une salade.

☺ ☹

Sauce tomate aux légumes invisibles

La recette par excellence pour les enfants qui refusent de manger leurs légumes. Ceux-ci, réduits en purée au mélangeur avec la sauce, sont ni vus, ni connus! Cette sauce savoureuse peut servir de fond à pizza ou comme sauce pour le poulet et le riz.

DONNE 4 PORTIONS D'ADULTE

30 ml (2 c. à soupe) d'huile d'olive légère
1 gousse d'ail, pelée et écrasée
1 oignon moyen, pelé et haché finement
250 ml (1 tasse) de carottes, pelées et râpées
125 ml (1/2 tasse) de courgettes, râpées
170 ml (2/3 de tasse) de champignons, tranchés
5 ml (1 c. à thé) de vinaigre balsamique

440 ml (1 3/4 tasse) de passata *(coulis de tomates)*
5 ml (1 c. à thé) de cassonade moelleuse
1 cube de bouillon de légumes dissous dans 375 ml (1 1/2 tasse) d'eau bouillante
une poignée de feuilles de basilic, déchiquetées
sel et poivre noir fraîchement moulu

Faites chauffer l'huile dans une casserole, ajoutez l'ail écrasé et faites revenir quelques secondes. Ajoutez l'oignon et faites revenir 2 minutes de plus. Ajoutez les carottes, les courgettes et les champignons et faites revenir 4 minutes, en remuant de temps à autre. Ajoutez le vinaigre balsamique et faites cuire 1 minute. Incorporez, en remuant, la *passata* et la cassonade, couvrez et laissez mijoter 8 minutes. Ajoutez le bouillon de légumes et faites cuire 2 minutes, en remuant constamment. Ajoutez le basilic et salez et poivrez au goût. Versez dans un mélangeur et réduisez en purée jusqu'à l'obtention d'une consistance lisse.

Salade de légumes
avec vinaigre à la framboise

Une salade rafraîchissante pour un midi d'été. Le goût de la vinaigrette complète celui du maïs et ajoute une saveur sucrée à la salade.

DONNE 4 PORTIONS D'ADULTE

*250 ml (1 tasse) de chou-fleur,
en petites fleurettes
250 ml (1 tasse) de haricots verts
250 ml (1 tasse) de maïs congelé
sucre et sel au goût
1/4 petite laitue, en lanières
8 tomates cerises, coupées en deux
1 œuf cuit dur, râpé*

*Vinaigrette
15 ml (1 c. à soupe) de vinaigre
à la framboise
30 ml (2 c. à soupe) d'huile de noisettes
sel et poivre*

Cuisez chou-fleur et haricots environ 15 minutes à la vapeur, pour attendrir. Plongez le maïs dans l'eau bouillante avec un peu de sucre et de sel, et cuisez 4 minutes. Quand les légumes sont refroidis, mettez dans un saladier avec laitue et tomates. Préparez la vinaigrette, versez sur la salade et touillez. Parsemez l'œuf râpé sur le dessus.

☺	☹	

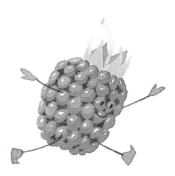

Pâtes au brocoli

Une recette toute simple et facile à préparer — l'une des préférées
de mes enfants.

DONNE 4 PORTIONS D'ENFANT

440 ml (1 ³/₄ tasse) de fusillis
375 ml (1 ¹/₂ tasse) de bouquets de brocoli
25 ml (1 ¹/₂ c. à soupe) de beurre
8 ml (¹/₂ c. à soupe) d'huile de tournesol

1 oignon, pelé et haché finement
1 gousse d'ail, pelée et écrasée
1 cube de bouillon de poulet, dissous
dans 125 ml (¹/₂ tasse) d'eau bouillante

Faites cuire les pâtes selon les directives sur l'emballage. Faites cuire à la vapeur le brocoli 4 minutes et réservez. Faites chauffer le beurre et l'huile dans un wok et faites revenir l'oignon et l'ail 3 minutes. Ajoutez le brocoli cuit et faites revenir 1 minute. Ajoutez, en remuant, le bouillon de poulet, puis les pâtes cuites et égouttées et faites bien chauffer.

Mini-pizzas sur pâte feuilletée

Les pâtes feuilletées toutes prêtes du commerce font une excellente croûte pour ces délicieuses petites pizzas. Vous pouvez varier les garnitures, peut-être ajouter des champignons, du jambon ou du pepperoni.

DONNE 4 PIZZAS INDIVIDUELLES

15 ml (1 c. à soupe) de concentré de tomate
15 ml (1 c. à soupe) d'huile d'olive
une pincée de fines herbes séchées, mélangées
sel et poivre au goût
375 g (³/4 de lb) de pâte feuilletée prête à utiliser

4 oignons verts, parés et tranchés
60 ml (¹/4 de tasse) de grains de maïs surgelés
2 tranches de salami ou de pepperoni, coupées en fines lanières (facultatif)
285 ml (9 oz) de mozzarella, en dés

Mettez le concentré de tomate, l'huile d'olive et les fines herbes dans une petite casserole. Salez et poivrez. Portez à ébullition et laissez mijoter 5 minutes ou jusqu'à épaississement. Taillez au couteau six rondelles de 16 cm (6 po) de diamètre de l'abaisse de pâte feuilletée (une soucoupe pourrait servir de guide) et disposez-les sur une tôle à biscuits huilée. À l'aide d'un couteau tranchant, faites une entaille en cercle à ¹/2 cm (¹/4 po) du pourtour des rondelles pour faire une bordure.

Étendez bien le mélange de sauce tomate sur les 6 rondelles. Parsemez d'oignons verts, de maïs et de salami (si utilisé) et garnissez de mozzarella. Salez et poivrez. Faites cuire dans un four préchauffé à 180 °C (350 °F) 16 à 18 minutes.

POISSON

Boulettes de poisson à la juive

La recette traditionnelle de ma mère. Les enfants l'aiment beaucoup
à cause du goût légèrement sucré des boulettes. Mon fils, Nicholas, les adore
et il lui est très facile de les prendre avec ses doigts pour se nourrir lui-même.
Les adultes peuvent les consommer avec du raifort.

DONNE ENVIRON 20 BOULETTES

*1 oignon, pelé et haché très finement
au robot culinaire
30 ml (2 c. à soupe) de beurre
450 g (1 lb) de filet de poisson haché
(mélanger n'importe lequel des poissons
suivants : aiglefin, flétan, corégone,
morue ou plie)*

*1 œuf, battu
15 ml (1 c. à soupe) de sucre
sel et poivre au goût
huile à cuisson légère pour la friture*

Faites dorer l'oignon dans le beurre. Ajoutez le reste des ingrédients et mélangez bien. Façonnez en boules de la taille d'une balle de golf. Faites bien dorer. Égouttez sur du papier absorbant. Servez les boulettes chaudes ou froides.

Fricadelles de saumon

Le saumon est une bonne source d'acides gras oméga-3
qui jouent un rôle important dans le développement du cerveau et
de la vision. Les médecins recommandent de manger au moins deux repas
de poissons gras par semaine pour maintenir un cœur en santé.
Ces fricadelles sont délicieuses chaudes ou froides.

DONNE 8 FRICADELLES

*330 g (11 oz) de pommes de terre, pelées
et coupées en gros morceaux
15 ml (1 c. à soupe) de beurre
420 g (14 oz) de saumon rouge
en conserve, égoutté
1/2 petit oignon, pelé et haché finement
2 oignons verts, hachés finement*

*30 ml (2 c. à soupe) de ketchup
sel et poivre
farine pour enrober
1 œuf, légèrement battu
375 ml (1 1/2 tasse) de farine de pain
azyme ou chapelure
huile pour la friture*

Faites bouillir les pommes de terre dans une casserole d'eau légèrement salée. Égouttez et pilez avec le beurre. Effeuillez le saumon et retirez-en soigneusement les arêtes. Mélangez à la purée de pommes de terre avec l'oignon, les oignons verts, le ketchup, le sel et le poivre. Façonnez environ 8 fricadelles, enfarinez-les, trempez-les dans l'œuf, ensuite dans la farine de pain azyme et faites-les dorer dans de l'huile.

Tourte au poisson

Une de mes recettes à l'ancienne préférées.

DONNE 3 PORTIONS D'ADULTE

375 g (³/₄ de lb) de filet d'aiglefin, sans peau, ou 180 g (6 oz) chacun de filets d'aiglefin et de saumon
375 ml (1 ¹/₂ tasse) de lait
1 feuille de laurier
4 grains de poivre
un brin de persil frais
sel et poivre
25 ml (1 ¹/₂ c. à soupe) de beurre
65 ml (¹/₄ de tasse) de farine
95 ml (3 oz) de cheddar, râpé
30 ml (2 c. à soupe) de ciboulette, ciselée

8 ml (¹/₂ c. à soupe) d'aneth, haché (facultatif)
10 ml (2 c. à thé) de jus de citron
1 œuf dur, haché
125 ml (¹/₂ tasse) de pois surgelés, cuits selon les directives sur l'emballage

Garniture
570 g (1 ¹/₄ lb) de pommes de terre, pelées et coupées en morceaux
30 ml (2 c. à soupe) de beurre
30 ml (2 c. à soupe) de lait

Mettez le poisson dans une casserole avec le lait, la feuille de laurier, les grains de poivre, le persil et le sel et le poivre. Portez à ébullition et laissez mijoter, à découvert, environ 5 minutes ou jusqu'à ce que le poisson soit cuit. Pendant que le poisson cuit, faites cuire les pommes de terre pour la garniture dans de l'eau bouillante légèrement salée jusqu'à ce qu'elles soient tendres. Égouttez bien et pilez avec 25 ml (1 ¹/₂ c. à soupe) du beurre et le lait.

Égouttez le poisson ; réservez le liquide de cuisson. Faites fondre le beurre dans une casserole à fond épais et incorporez, en remuant, la farine. Faites cuire doucement 1 minute ; incorporez graduellement le liquide de cuisson à l'aide d'un fouet et portez à ébullition. Laissez la sauce mijoter 2 à 3 minutes, ou jusqu'à ce qu'elle soit lisse, en brassant continuellement. Retirez du feu et incorporez, en remuant, le fromage râpé jusqu'à ce qu'il soit fondu. Défaites le poisson en morceaux et incorporez-le à la sauce avec la ciboulette, l'aneth (si utilisé), le jus de citron, l'œuf haché et les pois. Étendez le mélange dans un plat allant au four, idéalement un plat rond de 18 cm (7 po) de diamètre et de 10 cm (3 po) de profondeur, et recouvrez de la purée de pommes de terre. Faites cuire dans un four préchauffé à 180 °C (350 °F) 15 à 20 minutes. Parsemez du reste du beurre et passez sous le gril environ 2 minutes ou jusqu'à ce que le dessus soit bien doré et croustillant.

Poisson aux champignons

Pour les enfants plus vieux, cuisez 225 g (8 oz) d'épinards,
puis déposez les filets entiers de poisson dessus avant de couvrir de sauce.

DONNE 4 PORTIONS D'ADULTE

1 petit oignon, pelé et haché fin
45 ml (3 c. à soupe) de beurre
750 ml (3 tasses) de petits champignons,
lavés et hachés fin
30 ml (2 c. à soupe) de jus de citron

15 ml (1 c. à soupe) de persil haché
30 ml (2 c. à soupe) de farine
300 ml (1 ¹/4 tasse) de lait
1 sole ou plie d'environ 200 g (7 oz),
en filets

Préchauffez le four à 180 °C (350 °F). Faites revenir l'oignon dans la moitié de la margarine, pour rendre translucide. Ajoutez champignons, jus de citron et persil, et cuisez 2 minutes. Incorporez la farine et cuisez encore 2 minutes en remuant sans arrêt. Versez le lait graduellement et continuez à cuire en remuant constamment, pour obtenir une sauce épaisse et homogène.

Faites frire le poisson dans le reste de la margarine. Coupez ou défaites en morceaux et mélangez à la sauce. Mettez au four environ 15 minutes.

Sole au gratin

DONNE 4 PORTIONS D'ADULTE

4 filets de sole ou de plie
sel et poivre
¹/2 petit citron
500 ml (2 tasses) de panure

125 ml (¹/2 tasse) de fromage cheddar, râpé
20 ml (1 c. à soupe comble) de persil haché
60 ml (¹/4 de tasse) de margarine, fondue

Déposez les filets dans un plat à four beurré, aspergez de jus de citron, salez et poivrez. Mettez panure, fromage et persil dans un bol, puis incorporez la margarine fondue. Étalez ce mélange sur le poisson. Mettez au gril préchauffé environ 8 minutes, pour bien cuire et faire dorer la panure.

Morue à la sauce au fromage et julienne de légumes

La morue est particulièrement savoureuse lorsqu'elle est cuite au four.
Ici, elle est servie avec des lanières de légumes tout en couleur
et une délicieuse sauce au fromage.

DONNE 2 PORTIONS D'ADULTE

1/4 de poivron rouge, tranché en lanières
1/4 de poivron jaune, tranché en lanières
1/2 oignon, pelé et tranché finement
1 petite courgette, taillée en julienne
15 ml (1 c. à soupe) d'huile d'olive
420 g (14 oz) de filets de morue ou
d'aiglefin, sans peau
sel et poivre

Sauce
15 ml (1 c. à soupe) de beurre
35 ml (2 1/2 c. à soupe) de farine
250 ml (1 tasse) de lait
95 ml (3 oz) de fromage suisse, râpé
95 ml (3 oz) de cheddar, râpé

Mettez les légumes en julienne dans une petite rôtissoire, versez en filet l'huile d'olive et faites cuire dans un four préchauffé à 180 °C (350 °F) 10 minutes, en les retournant de temps à autre. Salez et poivrez les filets de poisson et déposez-les sur les légumes. Remettez au four et faites cuire 10 minutes de plus.

La sauce : faites fondre le beurre dans une casserole et incorporez, en remuant, la farine. Faites cuire 1 à 2 minutes et ajoutez graduellement le lait à l'aide d'un fouet. Laissez mijoter 2 à 3 minutes. Ajoutez, en remuant, les fromages râpés jusqu'à ce qu'ils soient fondus.

Disposez les légumes dans une assiette, recouvrez d'une portion de poisson et nappez d'une partie de la sauce au fromage.

Bâtonnets de poisson à l'orientale

Il est rare que les enfants soient allergiques aux graines de sésame.
Veillez-y cependant, surtout si votre enfant est allergique à d'autres aliments
ou s'il souffre d'eczéma ou d'asthme.

DONNE 1 PORTION D'ADULTE

300 g (10 oz) de filets de plie ou de sole,
sans peau
farine
30 ml (2 c. à soupe) de beurre

5 ml (1 c. à thé) de graines de sésame
15 ml (1 c. à soupe) d'oignons verts, émincé
15 ml (1 c. à soupe) de sauce soja
30 ml (2 c. à soupe) de jus d'orange

Enfarinez les filets de poisson et faites-les cuire 2 minutes dans le beurre avec les graines de sésame. Ajoutez le reste des ingrédients et faites cuire à feu doux 2 à 3 minutes, ou jusqu'à ce qu'ils soient cuits.

Purée de saumon et de pommes de terre

Le saumon est une bonne source d'acides gras essentiels qui jouent un rôle
important dans le développement du cerveau et de la vision.

DONNE 2 PORTIONS D'ADULTE

700 ml (2 ³/4 tasses) de pommes de terre,
pelées et coupées en dés
150 g (5 oz) de filet de saumon, sans peau
30 ml (2 c. à soupe) de beurre

2 tomates mûres, pelées, épépinées et hachées
30 ml (2 c. à soupe) de lait
sel et poivre

Mettez les pommes de terre dans la partie inférieure d'une étuveuse, ajoutez de l'eau bouillante, couvrez et faites cuire 6 minutes. Déposez le saumon dans l'étuveuse sur les pommes de terre, couvrez et faites cuire 6 minutes de plus. Pendant ce temps, faites fondre le beurre et faites revenir les tomates 2 à 3 minutes. Égouttez les pommes de terre et pilez avec le reste du beurre et le lait. Effeuillez le saumon, mélangez-le aux tomates, salez et poivrez. Servez avec la purée de pommes de terre comme accompagnement.

Gratin de poisson de grand-maman

Ce plat est une des spécialités de ma mère,
et toute ma famille en raffole.

DONNE 6 PORTIONS D'ADULTE

450 g (1 lb) de filets d'aiglefin
farine
sel et poivre
1 œuf, battu
2 tranches de pain brun, émietté en panure
huile végétale
1 oignon, pelé et haché fin
1 poivron rouge et 1 vert,
épépinés et hachés
400 g (14 oz) de tomates en conserve ou
30 ml (2 c à soupe) de concentré de tomate

Sauce
30 ml (2 c. à soupe) de margarine
15 ml (1 c. à soupe) de farine
250 ml (1 tasse) de lait
180 ml ($^3/_4$ de tasse) de fromage cheddar, râpé
90 ml ($^1/_3$ de tasse) de fromage parmesan, râpé

Enrobez les filets de poisson de farine salée et poivrée, puis d'œuf et, enfin, de panure. Faites frire dans l'huile, pour dorer des deux côtés. Égouttez sur du papier absorbant, puis défaites le poisson en petits morceaux et déposez dans un plat à four. Préchauffez le four à 180 °C (350 °F).

Faites revenir l'oignon 3 à 4 minutes avec un peu d'huile dans une sauteuse. Ajoutez les poivrons et continuez à cuire, pour attendrir. Égouttez les tomates, hachez, puis ajoutez dans la sauteuse. Cuisez encore 3 à 4 minutes, salez et poivrez, puis versez sur le poisson.

Préparez la sauce avec margarine, farine et lait à feu doux, en remuant jusqu'à consistance épaisse et homogène (voir page 59). Retirez du feu et incorporez un peu plus de la moitié du fromage. Versez la sauce sur le poisson et les légumes, puis garnissez du reste du fromage. Mettez au four 20 minutes, puis faites gratiner au gril.

Pilaf pour enfants

Un délicieux pilaf que toute la famille apprécie et qui plaît beaucoup aux enfants. Ce plat peut être servi autant le matin que le soir. Si vous désirez en préparer une plus petite quantité, il suffit de réduire les quantités de moitié.

DONNE 6 PORTIONS D'ADULTE

375 g (³/4 de lb) d'aiglefin fumé, non coloré
125 ml (¹/2 tasse) de crème épaisse
25 ml (1 ¹/2 c. à soupe) de beurre
1 oignon, pelé et haché
5 ml (1 c. à thé) de pâte de cari doux
250 ml (1 tasse) de riz basmati, cuit

5 ml (1 c. à thé) de jus de citron
30 ml (2 c. à soupe) de persil frais, haché
2 œufs durs, hachés
sel et poivre

Mettez l'aiglefin dans un plat allant au micro-ondes et recouvrez-le de la crème. Recouvrez d'une pellicule de plastique, percée à quelques endroits avec la pointe d'un couteau tranchant, et faites cuire au micro-ondes 5 à 6 minutes. Pendant ce temps, dans un poêlon ou un wok, faites fondre le beurre et faites revenir l'oignon 8 minutes ou jusqu'à ce qu'il soit ramolli. Incorporez, en remuant, la pâte de cari et le riz et faites cuire 1 minute, en brassant continuellement. Effeuillez l'aiglefin et ajoutez-le aux ingrédients précédents avec le liquide de cuisson, le jus de citron, le persil et les œufs hachés. Salez et poivrez si nécessaire.

Muffins au thon grillés

Il est toujours utile d'avoir une boîte de thon dans son garde-manger au cas où.
Le thon est un aliment riche en protéines, en vitamines D et B12.
Ces muffins grillés font un délicieux repas santé rapide et facile à préparer.

DONNE 1 À 2 PORTIONS

125 g (¹/4 de lb) de thon en conserve, dans de l'huile, égoutté
15 ml (1 c. à soupe) de mayonnaise
15 ml (1 c. à soupe) de ketchup
1 oignon vert, haché finement

30 ml (2 c. à soupe) de grains de maïs en conserve (facultatif)
1 muffin anglais
65 ml (¹/4 de tasse) de cheddar, râpé

Effeuillez le thon dans un bol et mélangez-le avec la mayonnaise, le ketchup, l'oignon vert et le maïs (si utilisé). Préchauffez le gril du four, coupez le muffin en deux et faites griller. Répartissez le mélange au thon sur les deux moitiés. Garnissez du fromage râpé et placez sous le gril environ 2 minutes jusqu'à ce qu'il bouillonne et soit doré.

Pochette de pita au thon

DONNE 2 POCHETTES

125 g (¹/4 de lb) de thon en conserve, dans de l'huile, égoutté
75 ml (¹/3 de tasse) de grains de maïs surgelés
1 œuf dur, haché
15 ml (1 c. à soupe) de mayonnaise

3 ml (¹/2 c. à thé) de vinaigre de vin blanc
2 oignons verts, hachés
1 tomate, pelée, épépinée et hachée
sel et poivre noir fraîchement moulu
1 pain pita

Effeuillez le thon à l'aide d'une fourchette et mélangez au maïs, à l'œuf dur, à la mayonnaise, au vinaigre de vin blanc, aux oignons verts, à la tomate, au sel et au poivre. Faites griller le pain pita, coupez-le en deux pour obtenir deux pochettes et répartissez le mélange de thon dans les deux.

Tagliatelles au thon

Ma recette au thon préférée.

DONNE 6 PORTIONS D'ADULTE

1/2 oignon, pelé et haché finement
30 ml (2 c. à soupe) de beurre
15 ml (1 c. à soupe) de fécule de maïs
125 ml (1/2 tasse) d'eau
400 ml (14 oz) de crème de tomates en
conserve
une pincée de fines herbes séchées, mélangées
15 ml (1 c. à soupe) de persil frais, haché
200 g (7 oz) de thon en conserve, dans de
l'huile, égoutté
poivre noir
750 ml (3 tasses) de tagliatelles vertes
15 ml (1 c. à soupe) de parmesan, râpé

Sauce aux champignons
et au fromage
1/2 oignon, pelé et haché finement
30 ml (2 c. à soupe) de beurre
375 ml (1 1/2 tasse) de champignons,
lavés et tranchés
30 ml (2 c. à soupe) de farine
300 ml (1 1/4 tasse) de lait
250 ml (1 tasse) de cheddar, râpé

La sauce : faites frire l'oignon dans le beurre jusqu'à ce qu'il soit translucide, ajoutez les champignons et faites revenir 3 minutes. Ajoutez la farine et remuez sans arrêt. Une fois le tout bien mélangé, ajoutez graduellement le lait et faites cuire, en remuant, jusqu'à ce que la sauce soit épaisse et lisse. Retirez du feu et incorporez le fromage râpé.

Faites frire l'oignon dans le beurre jusqu'à ce qu'il soit ramolli. Délayez la fécule dans l'eau et ajoutez à la crème de tomates. Ajoutez les fines herbes et le persil frais et faites cuire, en remuant, à feu doux 5 minutes. Incorporez le thon effeuillé et faites bien chauffer. Salez et poivrez légèrement.

Faites cuire les tagliatelles *al dente* et égouttez. Graissez un plat de service et ajoutez le thon à la tomate aux pâtes et ensuite la sauce aux champignons et au fromage. Garnissez de parmesan râpé. Faites cuire au four préchauffé à 180 °C (350 °F) 20 minutes. Faites gratiner sous le gril avant de servir.

Thon aux pâtes et aux tomates

La plupart des enfants aiment les penne à la sauce tomate. Et en y ajoutant du thon en conserve et du fromage râpé, vous en augmentez la valeur nutritive. Les tomates à demi séchées au soleil ajoutent une touche fort agréable à ce plat.

DONNE 6 PORTIONS D'ADULTE

500 ml (2 tasses) de penne
30 ml (2 c. à soupe) d'huile d'olive
1 oignon rouge moyen, pelé et haché
1 gousse d'ail, pelée et écrasée
1/2 petit poivron rouge, cœur enlevé, épépiné et haché
375 ml (1 1/2 tasse) de champignons
840 g (28 oz) de tomates hachées en conserve

125 g (1/4 de lb) de tomates à demi séchées au soleil, hachées
400 g (14 oz) de thon en conserve, dans de l'huile de tournesol, égoutté
10 ml (2 c. à thé) de vinaigre balsamique
3 ml (1/2 c. à thé) de fines herbes séchées, mélangées
une poignée de feuilles de basilic frais, déchiquetées
300 ml (1 1/4 tasse) de cheddar, râpé

Faites cuire les penne selon les directives sur l'emballage. Dans une grande casserole, faites chauffer l'huile et faites revenir l'oignon, l'ail et le poivron rouge 5 minutes, en remuant de temps à autre. Ajoutez les champignons et faites cuire 3 minutes de plus. Ajoutez la boîte de tomates, les tomates à demi séchées, le thon émietté, le vinaigre balsamique et les fines herbes et faites cuire 10 minutes à découvert. Incorporez les pâtes cuites et égouttées et le basilic frais.

Versez dans un plat peu profond allant au four et saupoudrez du fromage râpé. Préchauffez le gril à intensité élevée et faites cuire 3 minutes ou jusqu'à ce que le dessus soit doré et bouillonnant.

POULET

Poulet et nouilles
à la thaïlandaise

N'hésitez pas à faire essayer de nouvelles saveurs à votre enfant. La présente recette parfumée au cari doux et à la sauce à la noix de coco plaît beaucoup.

Il arrive souvent que les jeunes enfants nous étonnent avec leurs goûts passablement raffinés, et il est plus facile habituellement de leur faire goûter de nouvelles saveurs quand ils sont jeunes. Une bonne recette pour toute la famille.

DONNE 4 PORTIONS

Marinade
15 ml (1 c. à soupe) de sauce soja
15 ml (1 c. à soupe) de saké
3 ml (¹/2 c. à thé) de sucre
5 ml (1 c. à thé) de fécule de maïs

1 ¹/2 poitrine de poulet, coupée en languettes
190 ml (³/4 de tasse) de nouilles chinoises
15 ml (1 c. à soupe) d'huile végétale
3 oignons verts, tranchés
1 gousse d'ail, pelée et écrasée

3 ml (¹/2 c. à thé) de piment rouge,
épépiné et haché
8 à 10 ml (1 ¹/2 à 2 c. à thé) de pâte de
cari korma
160 ml (5 oz) de bouillon de poulet
(voir page 62)
160 ml (5 oz) de lait de coco
6 mini-épis de maïs, coupés en quartiers
375 ml (1 ¹/2 tasse) de germes de haricots
190 ml (³/4 de tasse) de pois surgelés

Mélangez les ingrédients de la marinade et faites-y mariner le poulet au moins 30 minutes. Faites cuire les nouilles selon les directives sur l'emballage, égouttez et rincez à l'eau froide. Faites chauffer l'huile végétale dans un wok ou un poêlon et faites revenir les oignons verts, l'ail et le piment rouge environ 2 minutes. Égouttez le poulet de la marinade, ajoutez-le au wok et poursuivez la cuisson en remuant 2 minutes. Ajoutez la pâte de cari, le bouillon de poulet et le lait de coco et faites cuire 5 minutes à feu doux. Ajoutez les mini-épis de maïs et les germes de haricots et faites cuire 3 à 4 minutes. Finalement, ajoutez les pois et faites cuire 2 minutes de plus.

Poulet barbecue

Une bonne marinade transformera vos barbecues en attendrissant les viandes tout en rehaussant leur saveur. Utilisez 1 kg (2 lb) de poitrines de poulet, sans peau avec l'os, avec ces marinades ; elles conviennent aussi au bœuf et à l'agneau.

DONNE 4 À 5 PORTIONS D'ADULTE

Marinade hoisin	Marinade teriyaki
30 ml (2 c. à soupe) de sauce soja	*45 ml (3 c. à soupe) de vinaigre de*
30 ml (2 c. à soupe) de sauce hoisin	*vin rouge ou blanc*
30 ml (2 c. à soupe) de vinaigre de	*30 ml (2 c. à soupe) de sauce soja*
vin de riz	*15 ml (1 c. à soupe) de miel*
15 ml (1 c. à soupe) de miel	*8 ml (^{1}/$_2$ c. à soupe) d'huile de sésame*
15 ml (1 c. à soupe) d'huile végétale	*5 ml (1 c. à thé) de gingembre frais,*
3 ml (^{1}/$_2$ c. à thé) d'ail, émincé (facultatif)	*râpé (facultatif)*
	15 ml (1 c. à soupe) d'oignon vert, tranché

Mélangez les ingrédients de l'une ou l'autre marinade. Faites mariner le poulet au moins 2 heures. Faites cuire le poulet au barbecue, en le badigeonnant de marinade et en le tournant de temps à autre, 15 à 20 minutes (les viandes brunes mettent plus de temps à cuire que les viandes blanches). Le poulet devrait être entièrement cuit, mais pas trop pour éviter qu'il ne se dessèche. En cas d'incertitude quant à la cuisson complète du poulet sans en carboniser les surfaces extérieures, faites-le cuire dans un four préchauffé à 200 °C (400 °F) 25 à 30 minutes et terminez-en la cuisson au barbecue pendant quelques minutes pour lui conférer une saveur authentique.

Satés de poulet

Ces brochettes de poulet au barbecue sont amusantes à manger et très populaires auprès des petits enfants. Aidez votre bambin à retirer la viande des brochettes et éloignez ensuite les brochettes — elles pourraient devenir des armes dangereuses dans les mains de bambins exubérants!

DONNE 2 PORTIONS D'ADULTE

2 poitrines de poulet doubles, désossées et sans peau
1 petit oignon, pelé
1 petit poivron rouge, épépiné
8 champignons, lavés

Marinade
30 ml (2 c. à soupe) de beurre d'arachides
15 ml (1 c. à soupe) de bouillon de poulet (voir page 62)
15 ml (1 c. à soupe) de vinaigre de vin de riz
15 ml (1 c. à soupe) de miel
15 ml (1 c. à soupe) de sauce soja
5 ml (1 c. à thé) d'ail, émincé (facultatif)
5 ml (1 c. à thé) de graines de sésame, grillées (facultatif)

Mélangez dans un bol tous les ingrédients de la marinade. Faites tremper 4 brochettes de bambou dans de l'eau pour éviter qu'elles ne brûlent. Coupez le poulet, l'oignon et le poivron en gros morceaux. Laissez mariner le poulet au moins 2 heures. Embrochez les morceaux de poulet, d'oignon, de poivron et les champignons et faites cuire au barbecue en badigeonnant fréquemment le poulet de la marinade.

Soupe de poulet, nouilles et légumes

Une recette très rapide et facile de soupe de poulet et nouilles que mes enfants aiment beaucoup. Les vermicelles sont des pâtes très fines qui sont vendues en petits nids.

DONNE 6 PORTIONS

1 litre (4 tasses) de bouillon de poulet
15 ml (1 c. à soupe) d'huile végétale
1 oignon, pelé et tranché finement
1 gousse d'ail, pelée et écrasée
135 g (4 1/2 oz) de poitrine de poulet,
coupée en petits morceaux
1 ml (1/4 de c. à thé) d'assaisonnement
pour le poulet

125 ml (1/2 tasse) de haricots verts,
parés et coupés en petits bouts
190 ml (3/4 de tasse) de vermicelles ou
85 ml (1/3 de tasse) de très petites pâtes
en forme d'étoile
1 tomate, pelée, épépinée et hachée

Préparez du bouillon de poulet dans une casserole à partir de 2 cubes de bouillon dissous dans de l'eau bouillante, ou du bouillon du commerce, ou de ma recette à la page 62. Pendant ce temps, faites chauffer l'huile végétale dans une autre casserole et faites revenir l'oignon et l'ail 2 minutes. Ajoutez le poulet, saupoudrez de l'assaisonnement et faites revenir 1 minute en remuant de temps à autre. Ajoutez ensuite les haricots verts et faites revenir 3 minutes. Mélangez le poulet, l'oignon, les haricots et les vermicelles avec le bouillon de poulet. Portez à ébullition, baissez le feu et laissez mijoter 3 à 4 minutes, ou jusqu'à ce que les pâtes soient cuites et les haricots juste assez tendres. Incorporez la tomate hachée et faites cuire 1 minute.

Blancs de poulet à l'abricot
et au chutney à la mangue

Voici un plat simple à préparer et très savoureux. Les enfants
l'aiment bien à cause de sa saveur aigre-douce.

DONNE 2 PORTIONS D'ADULTE

2 poitrines de poulet, désossées et sans peau

Sauce
15 ml (1 c. à soupe) de confiture d'abricots
15 ml (1 c. à soupe) de chutney à la mangue
45 ml (3 c. à soupe) de mayonnaise
5 ml (1 c. à thé) de sauce Worcestershire
15 ml (1 c. à soupe) de jus de citron

Préchauffez le four à 180 °C (350 °F). Mélangez ensemble tous les ingrédients de la sauce. Déposez le poulet dans un plat à four, versez la sauce dessus et couvrez d'une feuille d'aluminium. Mettez au four 30 minutes.

Sauté de poulet
aux légumes et nouilles

Les sautés sont populaires auprès des enfants et font d'excellents repas pour toute la famille. Pour épargner du temps, vous pouvez utiliser un paquet de légumes pour sautés que l'on trouve dans les supermarchés et auquel vous pouvez ajouter quelques-uns de vos légumes préférés.

DONNE 4 PORTIONS D'ADULTE

Marinade
25 ml (1 1/2 c. à soupe) de sauce soja
15 ml (1 c. à soupe) de saké
5 ml (1 c. à thé) d'huile de sésame
15 ml (1 c. à soupe) de vinaigre de vin de riz
5 ml (1 c. à thé) de cassonade moelleuse
5 ml (1 c. à thé) de fécule de maïs

2 poitrines de poulet, désossées, coupées en lanières
170 ml (2/3 de tasse) de nouilles aux œufs chinoises
45 ml (3 c. à soupe) d'huile végétale

1 oignon, pelé et tranché mince
1 gousse d'ail, pelée et écrasée
190 ml (3/4 de tasse) de carottes, taillées en julienne
6 mini-épis de maïs, coupés en quatre
190 ml (3/4 de tasse) de petits bouquets de brocoli
250 ml (1 tasse) de courgettes, parées et taillées en julienne
375 ml (1 1/2 tasse) de germes de haricots
1 cube de bouillon de poulet, dissous dans 375 ml (3/4 de tasse) d'eau bouillante
sel et poivre noir fraîchement moulu

Mélangez les ingrédients de la marinade et faites-y mariner le poulet au moins 30 minutes. Faites cuire les nouilles selon les directives sur l'emballage, égouttez et ajoutez-leur un peu d'huile pour les empêcher de coller. Filtrez la marinade du poulet avec une passoire et réservez. Faites chauffer 15 ml (1 c. à soupe) de l'huile dans un wok et faites revenir les lanières de poulet de 4 à 6 minutes, ou jusqu'à ce qu'elles soient entièrement cuites ; réservez. Faites chauffer le reste de l'huile dans le wok et faites revenir l'oignon et l'ail 3 minutes. Ajoutez les carottes, les mini-épis et le brocoli et faites revenir 3 minutes. Ajoutez les courgettes et les germes de haricots et faites revenir 2 minutes. Versez le bouillon de poulet dans une petite casserole et ajoutez-y la marinade. Portez à ébullition, en remuant, jusqu'à épaississement. Salez et poivrez légèrement. Ajoutez le poulet et les nouilles aux légumes, ajoutez la sauce et faites bien chauffer le tout.

Soupe de poulet au curry

Cette recette a un goût de tomate et une saveur douce de curry que les enfants adorent. Elle a été créée par ma mère et est un des plats préférés de ma famille. Servez avec du riz et, pour les grandes occasions, des poppadums indiens.

DONNE 8 PORTIONS D'ADULTE

1 poulet (coupé en 10 morceaux), sans peau
farine
sel et poivre
huile végétale
2 oignons moyens, pelés et hachés
90 ml (1/3 de tasse) de concentré de tomate
30 ml (2 c. à soupe) de poudre de curry doux

900 ml (3 3/4 tasses) de bouillon de poulet (voir page 62)
1 grosse (ou 2 petites) pomme, cœur enlevé et tranchée mince
1 petite carotte, pelée et tranchée mince
2 tranches de citron
125 ml (1/2 tasse) de raisins secs
1 feuille de laurier
10 ml (2 c. à thé) de sucre roux

Préchauffez le four à 180 °C (350 °F). Enrobez le poulet de farine salée et poivrée, et faites frire dans l'huile, pour dorer de toutes parts. Égouttez sur du papier absorbant, puis déposez dans un plat à four.

Faites revenir l'oignon dans l'huile, pour dorer, puis incorporez le concentré de tomate. Ajoutez le curry et cuisez à feu doux 2 à 3 minutes. Incorporez 30 ml (2 c. à soupe) de farine, puis versez le tiers du bouillon en mélangeant bien. Ajoutez pomme, carotte, citron, raisins secs, feuille de laurier, reste du bouillon, sucre, sel et poivre. Versez le tout sur le poulet et mettez au four 1 heure. Quand c'est cuit, enlevez citron et laurier, puis désossez le poulet et coupez en petits morceaux.

☺ ☹ ❄

Pépites de poulet au sésame
à la sauce chinoise

Ces pépites croustillantes enrobées de sésame sont très populaires.
Elles sont particulièrement savoureuses servies accompagnées du Riz frit
multicolore (voir page 123). Il est amusant pour les enfants de les manger
avec des baguettes — vous pouvez leur en procurer en plastique qui sont
attachées dans leur partie supérieure et sont très faciles à utiliser pour eux.
Les graines de sésame peuvent entraîner une réaction allergique chez certains
enfants, bien que ceci soit très rare. Surveillez bien votre enfant, surtout
s'il est allergique à d'autres aliments ou s'il souffre d'eczéma ou d'asthme.

DONNE 12 PÉPITES

*1 poitrine de poulet double, désossée
et sans peau
1 œuf
15 ml (1 c. à soupe) de lait
un peu de sel et de poivre
farine
graines de sésame pour enrober
30 ml (2 c. à soupe) d'huile végétale*

*Sauce chinoise
250 ml (1 tasse) de bouillon de poulet
(voir page 62)
10 ml (2 c. à thé) de sauce soja
5 ml (1 c. à thé) d'huile de sésame
15 ml (1 c. à soupe) de sucre
5 ml (1 c. à thé) de vinaigre de cidre
15 ml (1 c. à soupe) de fécule de maïs
1 oignon vert, tranché finement*

Coupez chaque moitié de la poitrine de poulet en 6 morceaux, environ. Battez
ensemble l'œuf et le lait. Trempez les pépites dans la farine assaisonnée de sel
et de poivre, ensuite dans l'œuf puis enrobez de graines de sésame. Faites frire
dans de l'huile chaude 5 minutes, tournant les morceaux de poulet fréquemment,
jusqu'à ce qu'ils soient d'un beau doré et entièrement cuits. Égouttez sur du papier absorbant et gardez au chaud. Pendant ce temps, mélangez tous les ingrédients de la sauce (sauf l'oignon vert) dans une petite casserole. Portez à ébullition
et laissez mijoter de 2 à 3 minutes, ou jusqu'à épaississement. Ajoutez l'échalote et
versez la sauce sur les pépites de poulet.

Poulet mariné sur le gril

J'aime beaucoup faire cuire le poulet, la viande ou le poisson sur un gril.
De plus, parce que la quantité de gras utilisée est très faible, c'est également
un mode de cuisson très sain. Mes trois enfants adorent cette recette dont
la marinade parfume délicieusement le poulet et le rend plus tendre.
Assurez-vous que le gril est très chaud avant d'y déposer les aliments.

DONNE 2 PORTIONS D'ADULTE

2 poitrines de poulet
15 ml (1 c. à soupe) d'huile d'olive

Marinade
le jus d'un demi-citron
15 ml (1 c. à soupe) de sauce soja
15 ml (1 c. à soupe) de miel
1 petite gousse d'ail, pelée et tranchée
2 brins de romarin frais (facultatif)

Tailladez les poitrines de poulet 2 ou 3 fois à l'aide d'un couteau tranchant. Mélangez tous les ingrédients de la marinade et faites mariner le poulet au moins 2 heures. Faites chauffer le gril, badigeonnez-le d'huile, retirez les poitrines de poulet de la marinade et faites-les cuire sur le gril 4 à 5 minutes de chaque côté, ou jusqu'à ce qu'elles soient entièrement cuites. Tranchez en lanières et servez avec des frites ou de la purée de pommes de terre et des légumes colorés tels que carottes, brocoli ou pois.

VIANDE

Hamburgers juteux à la pomme

La pomme râpée rend ces boulettes de viande très juteuses.
Servez sur des pains hamburgers avec des feuilles de laitue et du ketchup, et
des frites au four. Ils sont excellents également cuits sur charbon de bois.

DONNE 8 HAMBURGERS

1/2 poivron rouge, épépiné et haché
1 oignon, pelé et haché finement
15 ml (1 c. à soupe) d'huile végétale
450 g (1 lb) de bœuf ou d'agneau
haché maigre
15 ml (1 c. à soupe) de persil frais, haché
1 cube de bouillon de poulet,
émietté finement

1 pomme, pelée et râpée
1 œuf, battu légèrement
125 ml (1/2 tasse) de panure
5 ml (1 c. à thé) de sauce Worcestershire
sel et poivre noir fraîchement moulu
un peu de farine
huile végétale pour badigeonner une plaque
de cuisson ou pour faire frire

Faites frire le poivron rouge et la moitié de l'oignon dans l'huile végétale environ 5 minutes ou jusqu'à ce qu'ils soient ramollis. Dans un bol, mélangez l'oignon et le poivron frits et le reste de l'oignon avec tous les autres ingrédients, sauf la farine et l'huile végétale. Façonnez, avec des mains enfarinées, 8 galettes de viande. Badigeonnez une plaque de cuisson d'un peu d'huile et, une fois chaude, déposez-y 4 des galettes et faites-les cuire environ 5 minutes de chaque côté ou jusqu'à ce qu'elles soient bien grillées et entièrement cuites. Répétez avec les 4 dernières galettes. Les galettes peuvent également être frites dans un peu d'huile chaude dans un poêlon peu profond. Servez les hamburgers seuls ou dans des pains hamburgers avec laitue et ketchup.

Boulettes de viande glacées à la sauce tomate

Ces boulettes de viande peuvent être servies seules sans la sauce et elles font d'excellentes petites bouchées à manger avec les doigts. Elles sont également délicieuses servies sur des spaghettis ou du riz.

DONNE 6 PORTIONS

Sauce tomate

25 ml (1 1/2 c. à soupe) d'huile d'olive légère
1 oignon moyen, pelé et haché
1 gousse d'ail, pelée et écrasée
275 g (9 oz) de tomates fraîches, mûres, pelées, épépinées et hachées
400 g (14 oz) de tomates hachées, en conserve
5 ml (1 c. à thé) de vinaigre balsamique
5 ml (1 c. à thé) de sucre superfin
sel et poivre fraîchement moulu
15 ml (1 c. à soupe) de feuilles de basilic frais, déchiquetées

Boulettes de viande

450 g (1 lb) de bœuf haché maigre
1 oignon, pelé et haché finement
1 pomme à dessert, pelée et râpée
250 ml (1 tasse) de panure de pain blanc
15 ml (1 c. à soupe) de persil frais, haché
1 cube de bouillon de poulet, émietté et dissous dans 30 ml (2 c. à soupe) d'eau bouillante
sel et poivre noir fraîchement moulu
farine pour façonner les boulettes
huile végétale pour frire

La sauce tomate : faites chauffer l'huile dans une casserole et faites cuire douce-ment l'oignon et l'ail jusqu'à ce qu'ils soient ramollis. Incorporez les tomates fraîches et faites cuire 1 minute. Ajoutez les tomates en conserve, le vinaigre bal-samique, le sucre, le sel et le poivre. Ajoutez le basilic et passez le tout dans un mélangeur pour obtenir une sauce lisse.

Pendant ce temps, mélangez les ingrédients pour les boulettes. Façonnez, avec des mains enfarinées, environ 24 petites boulettes. Faites chauffer l'huile dans un poêlon et faites revenir les boulettes à feu relativement élevé, en les tournant de temps à autre, jusqu'à ce qu'elles soient bien brunies. Baissez ensuite le feu et poursuivez la cuisson pendant environ 5 minutes. Versez la sauce tomate, couvrez et poursuivez la cuisson environ 10 à 15 minutes.

Hachis parmentier

DONNE 4 PORTIONS D'ADULTE

1 oignon, pelé et haché finement
1 petit poivron rouge, épépiné et
haché finement
15 ml (1 c. à soupe) de persil,
haché finement
30 ml (2 c. à soupe) d'huile végétale
450 g (1 lb) de bœuf haché maigre
250 ml (1 tasse) de bouillon de poulet
(voir page 62) ou de bœuf
15 ml (1 c. à soupe) de ketchup
8 ml (½ c. à soupe) de sauce Worcestershire
sel et poivre

375 ml (1 ½ tasse) de champignons,
lavés et tranchés
15 ml (1 c. à soupe) de beurre ou
de margarine

Garniture
1 litre (4 tasses) de pommes de terre,
pelées et hachées
25 ml (1 ½ c. à soupe) de beurre
65 ml (¼ de tasse) de lait
sel et poivre

Faites frire l'oignon, le poivron rouge et le persil hachés dans l'huile jusqu'à ce qu'ils soient ramollis. Pendant ce temps, dans un poêlon, faites dorer la viande. Hachez la viande cuite dans un robot culinaire 30 secondes pour la rendre plus facile à mâcher. Incorporez la préparation à l'oignon et ajoutez le bouillon, le ketchup, la sauce Worcestershire, le sel et le poivre. Faites cuire à feu doux pendant 20 minutes. Pendant ce temps, faites revenir les champignons dans le beurre ou la margarine et ajoutez-les à la viande une fois cuite.

Pour préparer la garniture, faites bouillir les pommes de terre dans de l'eau légèrement salée 15 minutes ou jusqu'à ce qu'elles soient tendres. Pilez-les avec la moitié du beurre, le lait et du sel et du poivre. Étendez sur la viande répartie dans un grand plat ou dans quatre plats individuels et faites cuire dans un four préchauffé à 180 °C (350 °F) 10 minutes. Parsemez du reste du beurre et placez sous le gril environ 3 minutes ou jusqu'à ce que la garniture soit bien dorée.

Mini-steaks minute

Ces petits steaks, nappés d'une délicieuse sauce au jus de viande et accompagnés de pommes de terre rissolées, sont absolument savoureux.

DONNE 2 PORTIONS D'ADULTE OU 4 PORTIONS D'ENFANT

30 ml (2 c. à soupe) d'huile végétale
1 oignon, pelé et tranché finement
5 ml (1 c. à thé) de sucre superfin
15 ml (1 c. à soupe) d'eau
220 ml (7 oz) de bouillon de bœuf
5 ml (1 c. à thé) de fécule de maïs, délayée dans 15 ml (1 c. à soupe) d'eau

quelques gouttes de sauce Worcestershire
5 ml (1 c. à thé) de concentré de tomate
sel et poivre
750 ml (3 tasses) de pommes de terre, pelées
25 ml (1 1/2 c. à soupe) de beurre
75 g (2 1/2 oz) de bœuf (filet ou croupe), d'environ 0,5 cm (1/4 po) d'épaisseur

Pour la sauce au jus : faites chauffer 15 ml (1 c. à soupe) de l'huile végétale dans un poêlon. Ajoutez l'oignon et faites cuire 7 à 8 minutes ou jusqu'à ce qu'il soit doré. Ajoutez le sucre et l'eau, augmentez la chaleur et faites cuire environ 1 minute jusqu'à ce que l'eau soit évaporée. Incorporez le bouillon de bœuf, la fécule délayée dans de l'eau, la sauce Worcestershire et le concentré de tomate. Salez et poivrez. Faites cuire en remuant 2 à 3 minutes jusqu'à épaississement.

Pour les pommes de terre rissolées : coupez les pommes de terre en gros morceaux, faites bouillir dans de l'eau légèrement salée environ 8 minutes jusqu'à ce qu'elles soient tout juste tendres. Égouttez et coupez en tranches de 1 cm (1/2 po). Faites chauffer le beurre dans un poêlon et faites revenir les pommes de terre de 5 à 6 minutes, en les tournant de temps à autre jusqu'à ce qu'elles soient bien dorées et croustillantes.

Faites chauffer l'huile qui reste dans un poêlon, salez et poivrez les steaks et faites-les frire 1 à 2 minutes chaque côté. Servez nappés de la sauce au jus avec des pommes de terre rissolées.

☺	☹	

Veau Stroganoff

Le veau est plus facile à mâcher que le bœuf pour votre bambin.
Cette recette, de préparation rapide et facile, est délicieuse. C'est un bon plat
pour toute la famille, servi avec des nouilles. Pour lui donner une touche
encore plus authentique, garnissez de crème sure.

DONNE 2 PORTIONS D'ADULTE

huile végétale
1 oignon, pelé et haché très fin
1/2 poivron rouge et 1/2 jaune,
épépinés et en lamelles
225 g (8 oz) d'escalopes de veau,
en lamelles

farine
sel et poivre
300 ml (1 1/4 tasse) de bouillon de poulet
(voir page 62)
500 ml (2 tasses) de petits champignons,
lavés et tranchés

Chauffez un peu d'huile dans une poêle et faites revenir l'oignon 3 à 4 minutes.
Ajoutez les poivrons et cuisez encore 1 minute. Enrobez les lamelles de veau
de farine salée et poivrée, puis ajoutez aux légumes et cuisez environ 3 minutes,
pour bien dorer (ajoutez un peu d'huile si la viande attache). Versez le bouillon sur
la viande et les légumes, puis incorporez champignons, sel et poivre. Couvrez et
laissez mijoter environ 8 minutes.

Côtelettes d'agneau au céleri

DONNE 4 PORTIONS D'ADULTE

4 côtelettes d'agneau
huile végétale
30 ml (2 c. à soupe) de sucre roux
quelques gouttes de sauce Worcestershire
15 ml (1 c. à soupe) de jus de citron

un peu de poivre noir
1/2 branche de céleri, hachée fin
1/2 petit oignon, haché fin
1/2 poivron vert, haché fin
60 ml (1/4 de tasse) de ketchup

Préchauffez le four à 160 °C (325 °F). Faites dorer les côtelettes d'agneau avec un peu d'huile et faites revenir céleri et oignon 4 minutes. Mélangez ensemble sucre, sauce Worcestershire, jus de citron et poivre. Badigeonnez-en la viande, parsemez céleri, oignon et poivron dessus et garnissez de ketchup. Mettez au four 1 heure.

☺ ☹

Foie de veau à la lyonnaise

DONNE 1-2 PORTIONS D'ADULTE

1/2 oignon, pelé et haché
15 ml (1 c. à soupe) de poivron vert
haché fin
huile végétale

30 ml (2 c. à soupe) de champignons hachés
1 tomate moyenne, pelée, épépinée et hachée
110 g (1/4 de lb) de foie de veau

Faites revenir oignon et poivron avec un peu d'huile, pour dorer l'oignon. Ajoutez champignons et tomate, et cuisez encore 2 minutes. Faites frire le foie 1 1/2 minute de chaque côté. Quand il est cuit, coupez en petits morceaux et couvrez des légumes.

☺ ☹

PÂTES ALIMENTAIRES
Spaghettis à la sauce duo de tomates

Une excellente sauce tomate maison est toujours fort appréciée et elle peut être
servie avec tout type de pâtes et aussi du parmesan fraîchement râpé.

DONNE 4 PORTIONS D'ENFANT

45 ml (3 c. à soupe) d'huile d'olive
1 oignon, pelé et haché
1 gousse d'ail, pelée et écrasée
4 tomates mûres, pelées, épépinées et hachées
400 g (14 oz) de tomates hachées,
en conserve

une pincée de sucre
1 feuille de laurier
30 ml (2 c. à soupe) de feuilles de
basilic frais, hachées
sel et poivre
300 g (9 oz) de spaghettis

Faites chauffer l'huile dans une casserole et faites revenir l'oignon et l'ail de 5 à
6 minutes, ou jusqu'à ce qu'ils soient ramollis. Ajoutez les tomates fraîches et
en conserve, le sucre, la feuille de laurier et le basilic ; salez et poivrez. Portez à
ébullition et faites cuire 20 minutes. Pendant ce temps, faites cuire les spaghettis
selon les directives sur l'emballage. Égouttez les pâtes et mélangez à la sauce.

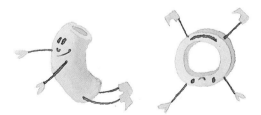

Farfalles au fromage suisse et aux tomates cerises

Ce plat est grandement apprécié par mes enfants et peut être dégusté chaud ou froid.

DONNE 4 PORTIONS D'ENFANT

440 ml (1 ³/4 tasse) de farfalles
15 ml (1 c. à soupe) de vinaigre de vin blanc
45 ml (3 c. à soupe) d'huile d'olive
3 ml (¹/2 c. à thé) de moutarde de Dijon (facultatif)
une pincée de sucre

un peu de sel et de poivre noir fraîchement moulu
15 ml (1 c. à soupe) de ciboulette fraîche, ciselée
110 g (¹/4 de lb) de tomates cerises, coupées en deux ou en quatre
125 ml (¹/2 tasse) de fromage suisse, râpé

Faites cuire les pâtes dans de l'eau légèrement salée selon les directives sur l'emballage. Préparez la vinaigrette en mélangeant le vinaigre, l'huile, la moutarde (si utilisée), le sucre, le sel et le poivre ; ajoutez ensuite la ciboulette ciselée. Égouttez les pâtes et mettez-les dans un bol, mélangez aux tomates cerises et au fromage suisse. Secouez la vinaigrette, versez-la sur les pâtes, remuez bien pour les enrober.

Macaroni au fromage tout léger

Des blancs d'œufs fouettés donnent à cette recette de macaroni au fromage une texture toute légère.

DONNE 4 PORTIONS

750 ml (3 tasses) de macaronis
25 ml (1 ¹/2 c. à soupe) de beurre
65 ml (¹/4 de tasse) de farine
300 ml (1 ¹/4 tasse) de lait
un peu de muscade, râpée
65 ml (¹/4 de tasse) de mascarpone

125 ml (¹/2 tasse) de cheddar, râpé
65 ml (¹/4 de tasse) de fromage suisse, râpé
2 œufs, blancs et jaunes séparés
sel et poivre noir fraîchement moulu
65 ml (¹/4 de tasse) de parmesan, fraîchement râpé

Faites cuire les macaronis selon les directives sur l'emballage. Utilisez le beurre, la farine, le lait et la muscade pour faire une béchamel épaisse (voir page 59). Retirez du feu et incorporez en fouettant le cheddar et le suisse jusqu'à ce qu'ils soient fondus ; ajoutez le mascarpone et les jaunes d'œufs. Salez et poivrez.

Fouettez les blancs d'œufs jusqu'à formation de pics mous et incorporez délicatement dans la sauce. Égouttez les pâtes, mélangez-les à la sauce et étendez dans un plat allant au four. Saupoudrez de parmesan et placez dans un four préchauffé à 180 °C (350 °F) 12 à 15 minutes, ou jusqu'à ce que le dessus soit légèrement doré.

Spaghettis primavera

Une recette simple pour des spaghettis avec des légumes du printemps dans une savoureuse sauce au fromage. Vous pouvez également préparer cette recette avec des pâtes de différentes formes.

DONNE 4 PORTIONS

150 g (5 oz) de spaghettis
15 ml (1 c. à soupe) d'huile d'olive
1 oignon, pelé et haché
1 gousse d'ail, pelée et écrasée
1 carotte moyenne taillée en julienne
1 courgette moyenne taillée en julienne

250 ml (1 tasse) de petits bouquets de chou-fleur
190 ml (³/4 de tasse) de crème fraîche légère
190 ml (³/4 de tasse) de bouillon de légumes (voir page 33)
125 ml (¹/2 tasse) de pois surgelés
125 ml (¹/2 tasse) de parmesan frais, râpé

Faites cuire les spaghettis selon les directives sur l'emballage. Faites chauffer l'huile dans une casserole à fond épais et faites revenir l'oignon et l'ail 1 minute. Ajoutez les juliennes de carotte et de courgette et faites revenir, en remuant de temps à autre, 2 à 3 minutes. Pendant ce temps, blanchissez le chou-fleur dans de l'eau bouillante légèrement salée 5 minutes ou à la vapeur, ou jusqu'à ce qu'il soit tendre. Ajoutez la crème fraîche, le bouillon de légumes et les pois à la carotte et à la courgette, et remuez. Faites cuire 2 à 3 minutes avant d'ajouter le parmesan. Égouttez les spaghettis et enrobez bien de sauce.

Farfalles à la sauce tomate
et à la mozzarella

Une sauce tomate très savoureuse et facile à préparer, enrichie
de deux fromages.

DONNE 4 PORTIONS

375 ml (1 ¹/₂ tasse) de farfalles
30 ml (2 c. à soupe) d'huile d'olive
1 oignon, pelé et haché
1 gousse d'ail, pelée et écrasée
400 g (14 oz) de tomates hachées,
en conserve
5 ml (1 c. à thé) de vinaigre balsamique
une pincée de sucre

15 ml (1 c. à soupe) de feuilles de
basilic frais, ciselées
125 ml (¹/₂ tasse) de bouillon de légumes
(voir page 33)
285 ml (9 oz) de mozzarella, coupée en dés
45 ml (3 c. à soupe) de parmesan, râpé
sel et poivre

Faites cuire les pâtes selon les directives sur l'emballage. Pour faire la sauce, faites chauffer l'huile d'olive dans une casserole et faites revenir l'oignon et l'ail 5 à 6 minutes, ou jusqu'à ce qu'ils soient ramollis. Ajoutez, en remuant, les tomates hachées, le vinaigre balsamique, le sucre, le basilic et le bouillon ; laissez mijoter 10 minutes. Incorporez la mozzarella et le parmesan. Salez et poivrez, et mélangez aux farfalles.

☺	☹	❄

Salade de pâtes et légumes multicolore

Je prépare cette recette avec des pâtes de plusieurs couleurs en forme d'animaux, et les bambins s'amusent à reconnaître les différents ingrédients. Ce plat est vraiment joli et coloré, et vous pouvez le servir chaud ou froid. Si vous êtes végétarien, omettez le poulet.

DONNE 4 PORTIONS D'ADULTE

285 ml (9 oz) de pâtes multicolores
1 poitrine de poulet, sans peau et
coupée en bouchées
huile végétale
3 mini-carottes (ou 1 moyenne),
en lamelles
125 ml (1/2 tasse) chacun de fleurettes
de chou-fleur et brocoli
3 courgettes, lavées et tranchées
125 ml (1/2 tasse) de haricots verts, hachés
180 ml (3/4 de tasse) de maïs surgelé
1/2 poivron rouge, haché fin
sucre
sel

Vinaigrette
30 ml (2 c. à soupe) de vinaigre de cidre
sel et poivre noir
60 ml (1/4 de tasse) d'huile d'olive
2 oignons verts, hachés fin ou
30 ml (2 c. à soupe) de ciboulette hachée

Plongez les pâtes dans l'eau bouillante salée, puis égouttez quand c'est cuit *al dente*. Faites dorer le poulet de toutes parts dans un peu d'huile (env. 2 min.), puis ajoutez carottes et champignons, et cuisez encore 5 minutes. Cuisez à la vapeur chou-fleur, brocoli, courgettes et haricots, pour qu'ils soient encore croquants (les deux premiers prendront un peu plus de temps). Cuisez 5 minutes maïs et poivron dans de l'eau avec un peu de sucre et de sel.

Pour la vinaigrette, mélangez le vinaigre avec sel et poivre, puis incorporez l'huile graduellement, en battant, et ajoutez les oignons. Combinez tous les éléments de la salade, puis versez la vinaigrette dessus et touillez bien.

FRUITS ET DESSERTS

Fruits pochés

DONNE 4 PORTIONS D'ADULTE

*2 grosses poires ou 3 petites, pelées, coupées
en quartiers et cœurs enlevés
150 g (5 oz) de prunes, coupées en deux et
dénoyautées
250 ml (1 tasse) comble de mûres*

*95 ml (3 oz) de jus de pommes
75 ml (5 c. à soupe) de sucre superfin
1 petit bâton de cannelle
190 ml (³/4 de tasse) de framboises*

Coupez les quartiers de poires en deux et mettez-les dans une grande casserole. Ajoutez les prunes, les mûres, le jus de pommes, le sucre et le bâton de cannelle. Portez doucement à ébullition, couvrez et laissez mijoter 10 minutes. Incorporez les framboises. Retirez le bâton de cannelle avant de servir frais.

Délice à la pêche melba

Une variante santé de ce dessert classique à la crème glacée.

DONNE 1 PORTION D'ADULTE

*190 ml (³/4 de tasse) de framboises
10 ml (2 c. à thé) de sucre superfin
160 ml (5 oz) de yogourt nature*

*1 pêche mûre, pelée, dénoyautée et coupée
en petits morceaux*

Mettez les framboises et le sucre dans une petite casserole et faites cuire doucement 2 à 3 minutes, ou jusqu'à ce que les framboises soient ramollies. Pressez les framboises dans un tamis et mélangez avec le yogourt et les morceaux de pêche.

Salade de fruits enneigée

Essayez cette salade de fruits riche en vitamine C: c'est mieux que les suppléments! Vous pouvez créer votre propre combinaison, selon la saison.

DONNE 5 PORTIONS D'ADULTE

1 pêche, pelée, dénoyautée et en dés
1 papaye, pelée, épépinée et en dés
8 fraises, lavées, équeutées et en quartiers
2 oranges, pelées complètement et en dés
15 ml (1 c. à soupe) de framboises ou mûres
1/2 petit cantaloup, la pulpe coupée en dés
250 ml (1 tasse) de cerises, dénoyautées
et coupées en deux
1 petite tranche de pulpe de pastèque,
dénoyautée et en dés

2 kiwis, pelés et tranchés
jus de 1 orange

Garniture
500 ml (2 tasses) de yogourt nature
30 ml (2 c. à soupe) de miel
30 ml (2 c. à soupe) de germes de blé
ou müesli

Mettez tous les fruits dans un grand bol. Versez le jus d'orange dessus et touillez bien. Mélangez ensemble yogourt, miel et germes de blé (ou müesli) et versez sur les fruits juste avant de servir.

Pêches aux biscuits Amaretti

Les biscuits Amaretti sont de petits macarons importés d'Italie
vendus dans la plupart des marchés d'alimentation. Ce délicieux dessert
peut être préparé avec plusieurs fruits différents. Essayez la combinaison
pêches blanches et framboises ou prunes tranchées. Vous pouvez aussi
préparer cette recette avec de la crème fraîche.

DONNE 2 PORTIONS D'ADULTE

2 grosses pêches, dénoyautées et tranchées *160 ml (5 oz) de crème fraîche*
30 g (1 oz) de biscuits Amaretti, écrasés *20 ml (1 c. à soupe comble) de cassonade*

Mettez les tranches de pêches dans un plat peu profond allant au four et saupoudrez de biscuits Amaretti écrasés. Couvrez de crème fraîche et saupoudrez de cassonade. Placez sous le gril du four environ 6 minutes jusqu'à ce que le dessus soit doré.

Croustade aux poires, pommes et framboises

Une délicieuse croustade riche en fruits est le plus réconfortant des délices. Celle-ci est facile à préparer et est l'une des préférées de ma famille. J'aime choisir des fruits qui sont légèrement surs. La rhubarbe mélangée à 65 ml (1/4 de tasse) de cassonade et un peu de jus d'orange fait une excellente croustade, tandis que la combinaison pommes et mûres de la page 86 mélangée à 125 ml (1/2 tasse) de cassonade est également fort délicieuse. Les croustades sont excellentes lorsqu'elles sont servies avec une crème anglaise ou de la crème glacée à la vanille.

DONNE 6 PORTIONS D'ADULTE

2 pommes à dessert, pelées, cœurs enlevés et hachées
2 poires mûres, pelées, cœurs enlevés et hachées
500 ml (2 tasses) de framboises, fraîches ou surgelées
15 ml (1 c. à soupe) de sucre superfin

Garniture
300 ml (1 1/4 tasse) de farine
une pincée de sel
125 ml (1/2 tasse) de beurre froid, coupé en morceaux
95 ml (3 oz) de cassonade moelleuse
170 ml (2/3 de tasse) de flocons d'avoine

Pour la garniture : mélangez la farine et le sel et incorporez le beurre avec un couteau jusqu'à ce que la préparation ressemble à de la panure. Incorporez la cassonade et les flocons d'avoine.

Mélangez les pommes, les poires et les framboises dans un plat allant au four, idéalement ovale de 20 x 25 cm (8 po x 10), saupoudrez de sucre et couvrez de la préparation pour la garniture. Faites cuire dans un four préchauffé à 180 °C (350 °F) 30 minutes à la fin desquelles la garniture devrait être bien dorée.

Gâteau au fromage à l'américaine

Ce gâteau au fromage est l'un des plus succulents qu'il m'ait été donné de goûter. Servez-le tel quel ou nappé de la garniture aux cerises.

DONNE 10 PORTIONS D'ADULTE

Croûte
275 g (9 oz) de biscuits graham
125 ml (¹/₂ tasse) de beurre

Garniture
250 ml (1 tasse) de sucre superfin
45 ml (3 c. à soupe) de fécule de maïs
750 ml (3 tasses) de fromage à la crème
2 œufs
5 ml (1 c. à thé) d'extrait de vanille ou le zeste râpé d'un demi-citron

300 ml (1 ¹/₄ tasse) de crème à fouetter (crème fleurette)
125 ml (¹/₂ tasse) de raisins dorés (facultatif)

Nappage
450 g (15 oz) de cerises en sirop, en conserve
8 ml (¹/₂ c. à soupe) de fécule de maïs

La croûte : brisez les biscuits en morceaux, mettez-les dans un sac de plastique et réduisez-les en miettes à l'aide d'un rouleau à pâtisserie. Faites fondre le beurre et incorporez la chapelure de biscuits. Garnissez le fond d'un moule à charnière de papier sulfurisé et graissez les parois. Chemisez le fond du moule de la chapelure au beurre en appuyant bien.

La garniture : mélangez le sucre et la fécule de maïs. Incorporez le fromage à la crème en battant. Ajoutez les œufs et la vanille (ou le zeste de citron). Battez en crème. Ajoutez lentement la crème au fouet jusqu'à consistance épaisse. Incorporez les raisins secs. Versez dans le moule. Faites cuire 1 heure dans un four préchauffé à 180 °C (350 °F). Laissez tiédir.

Le nappage : égouttez les cerises ; réservez 125 ml (¹/₂ tasse) du sirop. Mélangez la fécule à 15 ml (1 c. à soupe) du sirop. Versez le reste du sirop dans une casserole, incorporez en brassant le mélange à la fécule et portez à ébullition en remuant jusqu'à épaississement. Laissez tiédir. Garnissez de cerises en cercle et du sirop épaissi.

Sucettes aux fruits

Les sucettes sont toujours très populaires auprès des enfants. Vous pouvez vous procurer des moules avec des bâtons de plastique réutilisables. Remplissez les moules d'une purée de fruit, de jus ou d'un lait battu aux fruits, placez les bâtons de plastique sur le dessus des moules (ils servent aussi de couvercles) et faites congeler sur une surface de niveau dans le congélateur.

Trempez les moules dans de l'eau tiède pour démouler les sucettes glacées. Vous pouvez faire vos propres purées de fruits à partir de fruits frais de saison, ou vous servir de jus de fruits naturels. Faites des expériences avec différentes combinaisons telles que jus de nectarine, fraises et orange. Ajoutez du sucre ou du miel (si vous le désirez) et ajoutez du yogourt nature ou des fruits pour obtenir des sucettes au yogourt congelées. Ces ingrédients purs sont bien meilleurs pour votre enfant que les sucettes glacées du commerce qui, souvent, contiennent beaucoup d'additifs, de colorants et de sucre.

Mon fils Nicholas, lorsqu'il avait deux ans, avait des papilles gustatives fort raffinées et aimait bien les sucettes au fruit de la passion. Essayez aussi du jus d'ananas, du jus d'orange concentré et du jus de pommes pétillant. Les sucettes glacées deux tons sont très amusantes. Remplissez les moules de purée ou de jus de fruits d'une couleur, congelez-les et versez ensuite une purée ou un jus de couleur contrastante.

Sucettes glacées à la pêche
et au fruit de la passion

DONNE 6 SUCETTES

le jus de 2 grosses oranges
le jus de 3 fruits de la passion

2 pêches juteuses et mûres, pelées,
dénoyautées et hachées

Combinez tous les ingrédients dans un mélangeur ou un robot culinaire et mélangez jusqu'à consistance lisse. Versez dans les moules et congelez.

Sucettes glacées à la canneberge, limonade et orange

Une délicieuse combinaison. Et les sucettes se préparent en un clin d'oeil.

DONNE 4 GROSSES SUCETTES OU 6 PETITES

250 ml (1 tasse) de jus de canneberges
125 ml (1/2 tasse) de limonade

125 ml (1/2 tasse) de jus d'orange frais

Combinez tous les ingrédients et versez dans des moules.

Pouding aux vermicelles *lockshens*

Les *lokshens* sont de très fins vermicelles aux œufs.
Ce dessert facile à réaliser est l'un de mes préférés depuis toujours.
Comme variante, ajoutez quelques amandes effilées.

DONNE 4 PORTIONS D'ADULTE

750 ml (3 tasses) de vermicelles
1 gros œuf, battu
30 ml (2 c. à soupe) de beurre, fondu
250 ml (1 tasse) de lait
15 ml (1 c. à soupe) de sucre vanillé ou superfin

3 ml (1/2 c. à thé) d'épices à tarte aux pommes
125 ml (1/2 tasse) chacun de raisins dorés et de raisins secs

Faites cuire les vermicelles dans de l'eau bouillante environ 5 minutes. Égouttez et mélangez au reste des ingrédients. Mettez dans un plat peu profond allant au four et faites cuire dans un four préchauffé à 180 °C (350 °F) environ 30 minutes.

Crème au yogourt aux fraises glacée

Une délicieuse crème au yogourt glacée facile à préparer à partir d'ingrédients naturels. Vous pouvez aussi faire un yogourt glacé à la pêche melba en utilisant des framboises fraîches réduites en purée et filtrées et du yogourt aux pêches. J'aime servir ce dessert dans un grand verre avec de petites baies fraîches.

DONNE 6 PORTIONS D'ADULTE

125 ml (¹/₂ tasse) de sucre superfin
300 ml (1 ¹/₄ tasse) d'eau
750 ml (3 tasses) de fraises fraîches

300 ml (1 ¹/₄ tasse) de yogourt aux fraises
160 ml (5 oz) de crème épaisse, fouettée
1 blanc d'œuf, battu

Mettez le sucre dans une casserole avec l'eau. Portez à ébullition et faites bouillir 5 minutes pour obtenir un sirop. Réservez et laissez tiédir quelques minutes. Réduisez les fraises en purée et filtrez au tamis, mélangez au sirop et incorporez le yogourt aux fraises et la crème fouettée. Barattez 10 minutes dans un appareil à crème glacée, incorporez ensuite en pliant le blanc d'œuf, et barattez 10 minutes de plus ou jusqu'à consistance ferme.

Cette recette peut également être préparée sans l'appareil, mais prendra plus de temps à faire. Versez la préparation dans un contenant de plastique et congelez. Sortez le bol du congélateur lorsque la préparation est à demi congelée et fouettez-la. Remettez au congélateur. Fouettez à nouveau après 1 heure. Incorporez en pliant le blanc d'œuf fouetté, congelez à nouveau, et fouettez à deux autres reprises pendant le processus de congélation.

PÂTISSERIES POUR BAMBINS
Biscuits tout drôles

Il existe toutes sortes d'emporte-pièce de formes étranges et merveilleuses. Je me sers d'emporte-pièce de bonhomme en pain d'épices et de formes animales — mon fils a toujours hâte de mettre la main sur les biscuits. J'ai droit à un rapport continu sur la partie de l'anatomie qu'il vient de manger !

DONNE 15 À 20 BISCUITS (SELON LA TAILLE DE L'EMPORTE-PIÈCE)

125 ml (¹/2 tasse) de farine de blé entier
(farine complète)
250 ml (1 tasse) de farine
125 ml (¹/2 tasse) de semoule de blé
1 ml (¹/4 de c. à thé) chacun de gingembre,
de cannelle et de sel

95 ml (3 oz) de margarine ou de beurre
1 banane moyenne, mûre
25 ml (1 ¹/2 c. à soupe) de sirop d'érable
fromage à la crème pour tartiner
quelques raisins secs

Versez les farines, la semoule, le gingembre, la cannelle et le sel dans un bol à mélanger et incorporez-y au coupe-pâte la margarine ou le beurre. Pilez bien la banane avec le sirop d'érable et incorporez au mélange pour obtenir une pâte lisse et malléable.

Abaissez la pâte sur une surface légèrement farinée et coupez à l'emporte-pièce. Faites cuire sur une tôle à biscuits légèrement graissée dans un four préchauffé à 220 °C (400 °F) 20 minutes ou jusqu'à ce que les biscuits soient dorés et fermes. Laissez refroidir sur une grille. Si désiré, tartinez les biscuits refroidis de fromage à la crème et marquez-les avec les dents d'une fourchette pour représenter les différents animaux. Utilisez des raisins secs pour les yeux et le museau.

Fleurettes aux pommes

Vous pouvez utiliser des feuilles de pâte feuilletée déjà roulée — qu'il suffit de dérouler et de faire cuire — ce qui rend ces délicieuses petites pâtisseries très simples à réaliser. Vous pourriez aussi utiliser un bloc de pâte feuilletée et l'abaisser vous-même.

DONNE 6 MINI-TARTELETTES AUX POMMES

330 g (11 oz) de pâte feuilletée
30 ml (2 c. à soupe) de beurre
65 ml (¹/₄ de tasse) de sucre superfin
1 œuf
quelques gouttes d'extrait d'amandes
125 ml (¹/₂ tasse) d'amandes, moulues
25 ml (1 ¹/₂ c. à soupe) de beurre, fondu

3 petites pommes à dessert
sucre superfin pour saupoudrer
30 ml (2 c. à soupe) de gelée d'abricot, filtrée
15 ml (1 c. à soupe) de jus de citron
6 cerises confites

Préchauffez le four à 200 °C (400 °F). Taillez six rondelles de l'abaisse de pâte feuilletée à l'aide d'un emporte-pièce rond d'environ 10 cm (4 po) ou coupez autour d'une soucoupe servant de guide à l'aide d'un couteau tranchant. Pour préparer la garniture aux amandes, battez en crème le beurre et le sucre, ajoutez l'œuf en battant, quelques gouttes d'extrait d'amandes et les amandes moulues, pour obtenir une crème onctueuse. Percez à la fourchette la pâte à quelques endroits et badigeonnez d'un peu de beurre fondu. Tartinez un peu de la préparation aux amandes sur chaque rondelle.

Pelez et enlevez le cœur des pommes, coupez-les en deux et tranchez-les mince. Disposez les tranches de fruit en rond sur les rondelles de pâte. Badigeonnez d'un peu de beurre fondu, saupoudrez de sucre superfin et faites cuire au four environ 20 minutes ou jusqu'à ce que la pâte soit croustillante et le fruit cuit. Tranférez les tartelettes sur une grille pour les laisser tiédir.

Faites chauffer la gelée d'abricot et le jus de citron dans une petite casserole et badigeonnez les fruits d'un peu de la gelée fondue. Déposez au centre de chaque tartelette une cerise confite.

Petits gâteaux aux bonbons

Ces petits gâteaux peuvent être congelés avant d'y mettre du glaçage.
Ils sont parfaits pour les fêtes d'anniversaire et sont amusants pour dessiner
des visages à l'aide de bonbons et de glaçage en tubes.

DONNE 12 PETITS GÂTEAUX

*125 ml (¹/2 tasse) de beurre (ou de
margarine molle) non salé*
125 ml (¹/2 tasse) de sucre superfin
2 œufs
*300 ml (1 ¹/4 tasse) de farine à pâtisserie
(farine de type 45)*
5 ml (1 c. à thé) d'extrait de vanille

Glaçage coloré
*500 ml (2 tasses) de sucre glace, tamisé
environ 30 ml (2 c. à soupe) d'eau
quelques gouttes de colorant alimentaire*

Glaçage au chocolat
*65 ml (¹/4 de tasse) de beurre doux
190 ml (³/4 de tasse) de sucre glace, tamisé
15 ml (1 c. à soupe) de poudre de cacao*

Glaçage au fromage à la crème
*65 ml (¹/4 de tasse) de beurre doux
500 ml (2 tasses) de sucre glace, tamisé
5 ml (1 c. à thé) d'extrait de vanille
125 ml (¹/2 tasse) de fromage à la crème*

Décoration
*1 paquet de pastilles de chocolat enrobées
(Smarties)
1 paquet de bonbons de différentes formes
du glaçage en tube de différentes couleurs*

Battez le beurre ou la margarine et le sucre jusqu'à l'obtention d'un mélange léger et mousseux ; incorporez un œuf à la fois en battant bien avec 15 ml (1 c. à soupe) de farine. Ajoutez la vanille et incorporez en pliant le reste de la farine. Remplissez à moitié 12 petits moules à gâteau en papier disposés dans un moule à muffins et faites cuire dans un four préchauffé à 180 °C (350 °F) 15 à 20 minutes. Retirez du four et laissez tiédir sur une grille.

J'aime préparer deux glaçages de couleurs différentes — j'en fais un au chocolat foncé et un autre au fromage à la crème pâle. Si vous préférez, vous pouvez préparer un glaçage d'une seule couleur. Mélangez le sucre glace avec suffisamment d'eau pour obtenir une consistance à tartiner, divisez en deux, et ajoutez la couleur que vous désirez à chacun.

Pour le glaçage au chocolat, coupez le beurre en petits morceaux et battez-les en crème à l'aide d'une cuiller de bois. Ajoutez le sucre en battant, petit à petit, et ensuite la poudre de cacao.

Pour le glaçage au fromage à la crème, battez le beurre, le sucre et la vanille jusqu'à formation de grumeaux. Incorporez le fromage à la crème. Ne battez pas trop au risque que le glaçage se liquéfie. Tartinez-en les petits gâteaux. Dessinez des visages drôles avec les pastilles de chocolat, les bonbons de couleur et le glaçage en tube.

☺ ☹ ❄

Muffins à l'ananas et aux raisins secs

Ces muffins sont absolument délectables et très santé ; ils ne traînent pas très longtemps sur le comptoir dans notre maison !

DONNE ENVIRON 13 MUFFINS

250 ml (1 tasse) de farine
250 ml (1 tasse) de farine de blé entier (farine complète)
5 ml (1 c. à thé) de levure chimique
4 ml (3/4 de c. à thé) de bicarbonate de soude
5 ml (1 c. à thé) de cannelle moulue
5 ml (1 c. à thé) de gingembre moulu

3 ml (1/2 c. à thé) de sel
190 ml (3/4 de tasse) d'huile végétale
95 ml (3 oz) de sucre superfin
2 œufs
260 g (9 oz) de carottes, râpées
225 g (1/2 lb) d'ananas broyé, égoutté
170 ml (2/3 de tasse) de raisins secs

Tamisez les farines, la levure chimique, le bicarbonate, la cannelle, le gingembre et le sel et mélangez bien. Battez l'huile, le sucre et les œufs ensemble jusqu'à ce que le mélange soit homogène. Ajoutez les carottes râpées, l'ananas et les raisins secs. Ajoutez graduellement le mélange de farines et battez juste assez pour combiner tous les ingrédients. Versez la pâte dans les moules à muffins et faites cuire dans un four préchauffé à 180 °C (350 °F) environ 25 minutes ou jusqu'à ce que les muffins soient bien hauts et dorés. Laissez refroidir sur une grille.

☺ ☹

Gâteau au yogourt

Ce gâteau a un goût très délicat et une texture moelleuse.
Il ne faut que 5 minutes pour le préparer, et vous pouvez le cuire
dans 2 moules ronds au lieu d'un seul, puis étaler le glaçage au fromage
à la crème (voir page 174) entre les deux gâteaux.

DONNE 8 PORTIONS D'ADULTE

180 ml (³/4 de tasse) de sucre
250 ml (1 tasse) d'huile végétale
250 ml (1 tasse) de yogourt nature
2 œufs

500 ml (2 tasses) de farine à pâtisserie
15 ml (3 c. à thé) de levure chimique
(poudre à pâte)
10 ml (2 c. à thé) d'extrait de vanille
sucre à glacer

Préchauffez le four à 160-180 °C (325-350 °F). Mêlez huile et sucre ensemble au mélangeur ou au robot de cuisine, puis ajoutez le yogourt et mélangez. Incorporez œufs, farine, levure et vanille. Beurrez un moule à gâteau rond (ou deux) de 25 cm (10 po) de diamètre. Versez-y la pâte et mettez au four 55 minutes. Laissez refroidir et saupoudrez de sucre à glacer.

Biscuits au chocolat blanc

Des biscuits savoureux, qu'il ne faut pas trop cuire. Sortez-les du four encore
assez mous, pour qu'ils soient moelleux une fois refroidis.

DONNE 20 BISCUITS

125 ml (¹/2 tasse) de beurre doux ou
margarine, à température ambiante
125 ml (¹/2 tasse) de sucre
125 ml (¹/2 tasse) de sucre roux
1 œuf
5 ml (1 c. à thé) d'extrait de vanille
375 ml (1 ¹/2 tasse) de farine

2 ml (¹/2 c. à thé) de levure chimique
(poudre à pâte)
1 ml (¹/4 de c. à thé) de sel
250 ml (1 tasse) de pastilles de
chocolat blanc
125 ml (¹/2 tasse) de noix de pécan ou
de Grenoble, hachées (facultatif)

Préchauffez le four à 190 °C (375 °F). Battez le beurre avec le sucre blanc et le sucre roux. À la fourchette, battez l'œuf avec la vanille, puis incorporez au beurre. Dans un bol, mélangez farine, levure et sel. Ajoutez au mélange de beurre et œuf, en battant bien. Brisez le chocolat blanc en morceaux avec un rouleau à pâtisserie ou au robot de cuisine, puis incorporez à la pâte avec les noix.

Tapissez des plaques à biscuits de papier sulfurisé et roulez la pâte en boules de la grosseur d'une noix. Déposez-les sur les plaques en les espaçant beaucoup les unes des autres. Mettez au four 12 minutes, puis retirez délicatement de la plaque et faites refroidir sur une grille.

Carrés au chocolat

D'excellentes gâteries pour les fêtes d'anniversaire ou
pour terminer en beauté n'importe quel repas.

DONNE 16 CARRÉS AU CHOCOLAT

110 g (¹/4 de lb) de biscuits graham
110 g (¹/4 de lb) de biscuits au gingembre
150 g (5 oz) de chocolat au lait
110 g (¹/4 de lb) de chocolat noir
85 ml (¹/3 de tasse) de mélasse ou
de sirop de maïs léger

95 ml (3 oz) de beurre doux
190 ml (³/4 de tasse) d'abricots séchés
prêts à manger, hachés
85 ml (¹/3 de tasse) de raisins secs
45 g (1 ¹/2 oz) de riz soufflé
(Rice Krispies)

Graissez légèrement et tapissez de papier sulfurisé un moule carré peu profond de 20 cm (8 po). Mettez les biscuits graham dans un sac de plastique et écrasez-les avec un rouleau à pâtisserie jusqu'à l'obtention d'une chapelure grossière. Faites fondre les chocolats, la mélasse ou le sirop et le beurre dans un bol à l'épreuve de la chaleur au-dessus d'une casserole d'eau à petits bouillons. Incorporez la chapelure de biscuits graham jusqu'à ce qu'elle soit bien enrobée ; ajoutez les abricots et les raisins secs et, finalement, le riz soufflé (*Rice Krispies*).

Étendez la préparation dans le moule. Égalisez la surface, en pressant avec un pilon et mettez au réfrigérateur pour faire solidifier. Coupez en carrés et servez.

Biscuits à la gelée

Servez-vous de la gelée préférée de votre enfant ou
préparez des biscuits à différents parfums de gelée.

DONNE 25 PETITS BISCUITS

125 ml (¹/2 tasse) de beurre
65 ml (¹/4 de tasse) de sucre superfin
1 jaune d'œuf
3 ml (¹/2 c. à thé) d'extrait d'amandes

375 ml (1 ¹/2 tasse) de farine
une pincée de sel
gelée de fraise ou un choix
de différentes gelées

Battez le beurre en crème avec le sucre, ajoutez ensuite le jaune d'œuf et l'extrait d'amandes. Incorporez graduellement la farine et le sel et mélangez jusqu'à l'obtention d'une pâte. Prenez des quantités de pâte de la grosseur d'une noix de Grenoble, aplatissez légèrement et insérez le pouce au centre de chacun. Déposez sur une tôle à biscuits tapissée de papier sulfurisé. Remplissez chaque empreinte d'un peu de gelée et faites cuire dans un four préchauffé à 180°C (350 °F) 10 minutes.

☺ ☹ ❄

Bretzels au fromage

Ces bretzels sont délicieux et tellement amusants à faire. Vos enfants adoreront vous aider à tortiller la pâte en différentes formes. Vous pouvez même former les lettres de l'alphabet et épeler le nom de votre enfant.

DONNE 20 BRETZELS

15 ml (3 c. à thé) de levure sèche
250 ml (1 tasse) d'eau tiède
750 ml (3 tasses) de farine
3 ml ($^{1}/_{2}$ c. à thé) de sel

300 ml (1 $^{1}/_{4}$ tasse) de cheddar, râpé
30 ml (2 c. à soupe) d'huile végétale
15 ml (1 c. à soupe) de sel de mer
15 ml (1 c. à soupe) de graines de sésame

Faites dissoudre la levure dans l'eau tiède. Tamisez la farine et le sel dans un grand bol et ajoutez le fromage, l'huile et la levure liquide. Assemblez pour former une pâte et pétrissez sur une surface farinée 10 minutes avec les mains, ou 5 minutes à l'aide d'un crochet à pétrir. Déposez dans un bol huilé, couvrez de pellicule plastique et laissez reposer dans un endroit chaud environ 1 heure. Coupez de petits morceaux de pâte, roulez en longs bâtonnets de 28 cm (10 po) et tortillez en forme de bretzels. Déposez sur une tôle à biscuits graissée. Badigeonnez d'huile et saupoudrez de sel de mer et de graines de sésame. Faites cuire au four préchauffé à 200 °C (400 °F) 15 minutes ou jusqu'à ce qu'ils soient dorés.

COLLATIONS SANTÉ

Fruits

Lavez bien les fruits. Pelez, enlevez le coeur, épépinez ou dénoyautez et parez au besoin.

Banane, entière ou coupée en morceaux.

Morceaux de pomme pelée, cœur enlevé.

Morceaux de poire, cœur enlevé.

Quartiers d'orange, de mandarine ou de tangerine, peau blanche entièrement enlevée si possible (enlever tous les pépins).

Kiwi, pelé et tranché.

Fraises, équeutées et coupées en deux.

Raisins sans pépins, pelés pour les bébés de moins d'un an.

Melon, pelé, épépiné et coupé en bouchées.

Pêche, pelée, dénoyautée et tranchée.

Mangue, pelée, dénoyautée et tranchée.

Papaye, pelée, épépinée et coupée en tranches épaisses.

Framboises, lavées soigneusement.

Litchis, pelés et dénoyautés (les bambins peuvent aisément s'étouffer avec un noyau de litchi).

Ananas, écorcé et coupé en morceaux.

Fruits séchés tels abricots, prunes et raisins (si trop durs, les faire tremper dans de l'eau bouillante).

Fruits enrobés de chocolat

L'un des trucs à succès pour encourager les enfants à manger des fruits est de les enrober de chocolat noir fondu au bain-marie et de les percer avec un cure-dents. Piquez les cure-dents avec les fruits au chocolat sur une orange et la mettre au frigo pour permettre au chocolat de durcir. Les morceaux de fraises, d'ananas, des quartiers d'orange ou de tangerine sont particulièrement délicieux. N'oubliez pas d'enlever le cure-dents avant de donner le fruit à votre enfant.

Des bananes entières peuvent être enrobées de chocolat. Placez-les sur un papier ciré et congelez-les, ou mettez-les au réfrigérateur jusqu'à ce que le chocolat soit pris.

Si vous vous souciez de la quantité de chocolat que votre enfant consomme, utilisez de la caroube à la place.

LES COLLATIONS SANS DANGER POUR LES DENTS DE VOS ENFANTS

Les collations de légumes

Tout comme pour les fruits, lavez-les, pelez-les, parez-les et épépinez-les au besoin.

Les bambins adorent tremper des légumes crus dans de la sauce, et une belle assiette d'un bon choix de crudités est excellent pour l'enfant qui perce ses dents. Vous pouvez acheter des paquets de mini-carottes dans les magasins d'alimentation ; elles sont idéales pour votre enfant tout comme le sont les lanières de poivron rouge, les pois mange-tout, les bâtonnets de concombre et les tomates cerises. Offrez à vos enfants des trempettes simples, mais délicieuses comme la Trempette à l'avocat et aux tomates (voir page 182), ou préparez-en une avec de la crème sûre (crème aigre) ou du fromage à la crème auquel vous ajouterez un peu de ketchup, de la ciboulette, du sel et du poivre. Vous pouvez aussi acheter des trempettes du commerce comme le houmous — fait de pois chiches — qui est très nutritif.

Les carottes et le chou blanc, râpés et mélangés à un peu de mayonnaise et des raisins secs, font une petite collation simple et nourrissante sur des feuilles de laitue.

Fromages

Les fromages font d'excellentes collations pour votre enfant. Utilisez des emporte-pièce pour lui donner des morceaux de fromage en forme d'animaux. L'édam, le Monterey Jack et le suisse plaisent beaucoup à la plupart des enfants. Les petits fromages ronds tels que Babybel et les triangles de fromage emballés sont également très bien.

Le fromage cottage est aussi très populaire servi nature ou mélangé avec, par exemple, de l'ananas. Vous pouvez aussi façonner une boule de fromage que vous accompagnez d'une cuillerée de pomme râpée et de raisins secs et d'un choix de fruits frais hachés très fin. Vous avez là une délicieuse collation nourrissante que vos enfants adoreront.

Trempette à l'avocat et aux tomates

Servez cette savoureuse trempette entourée d'un beau choix
de bâtonnets de légumes crus tels carottes, concombre, poivron rouge et céleri.
Ajoutez-y des tomates cerises, des croustilles au maïs et des bâtonnets
de pain pour une collation des plus nourrissantes.

DONNE 2 PORTIONS D'ADULTE

1 gros avocat, mûr
8 ml (¹/2 c. à soupe) de jus de citron frais
30 ml (2 c. à soupe) de fromage à la crème
15 ml (1 c. à soupe) d'oignon vert, tranché

2 tomates, pelées, épépinées et hachées finement
15 ml (1 c. à soupe) de poivron rouge,
coupé en dés
sel et poivre au goût

Coupez l'avocat en deux, dénoyautez-le et retirez-en la chair. Pilez avec le reste des ingrédients. La chair de l'avocat brunit rapidement lorsqu'elle est laissée à l'air libre.

Salade du chef au dindon et au fromage

DONNE 3 PORTIONS D'ENFANT

Vinaigrette
45 ml (3 c. à soupe) d'huile d'olive légère
15 ml (1 c. à soupe) de miel liquide
15 ml (1 c. à soupe) de sauce soja
25 ml (1 c. à soupe) de jus de citron frais
1 mini-laitue romaine, coupée
en petits morceaux

2 tomates moyennes, pelées, épépinées
et hachées
135 g (4 ¹/2 oz) de dindon (ou de poulet)
cuit, coupé en dés
160 ml (5 oz) d'édam, coupé en cubes, ou
300 ml (1 ¹/4 tasse) de pâtes cuites
170 ml (²/3 de tasse) de grains de maïs,
en conserve

Fouettez ensemble tous les ingrédients de la vinaigrette. Réunissez tous les autres ingrédients dans un bol et mélangez avec la vinaigrette.

Pizzas maison

Ces délicieuses petites pizzas sont faciles à faire et toujours très populaires.

1 oignon vert, haché finement
4 champignons, lavés et tranchés
15 ml (1 c. à soupe) de beurre
2 tomates, pelées, épépinées et hachées
10 ml (2 c. à thé) de concentré de tomate
10 ml (2 c. à thé) de basilic, haché

85 ml (1/3 de tasse) de grains de maïs
surgelés
poivre noir fraîchement moulu
2 muffins anglais, coupés en deux
95 ml (3 oz) de cheddar, râpé

Faites revenir l'oignon vert et les champignons dans le beurre pendant 2 minutes. Incorporez les tomates, le concentré de tomate et le basilic et faites cuire pendant 2 minutes de plus. Faites cuire le maïs selon les directives sur l'emballage, ajoutez-le à la préparation de tomates, et salez et poivrez légèrement. Faites griller les moitiés de muffins anglais quelques minutes sous le gril. Garnissez de mélange de tomates et de maïs, saupoudrez de fromage râpé et passez sous le gril jusqu'à ce que le dessus soit doré et bouillonnant.

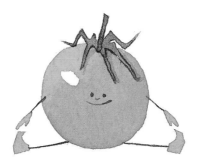

Œufs farcis

Coupez les œufs cuits durs en deux sur la longueur, puis enlevez une fine tranche à la base pour qu'ils tiennent droit. Garnissez de jaunes d'œufs écrasés finement avec un des groupes d'ingrédients ci-dessous.

concombre haché, laitue, tomate
et mayonnaise
OU
fromage cottage et ciboulette
OU
saumon poché et mayonnaise

OU
poulet haché fin et ketchup
OU
saumon ou thon en conserve et
oignon vert haché

Œuf haut-de-forme

Voici une excellente collation ou une gâterie pour le petit déjeuner des enfants qu'ils s'amuseront à vous aider à préparer. Si vous voulez, saupoudrez-y du fromage râpé et passez sous le gril pour faire dorer avant de servir avec une tomate grillée et des champignons sautés.

DONNE 1 PORTION D'ADULTE

1 tranche de pain épaisse
un peu de beurre ou de margarine

1 jaune d'œuf
sel et poivre

Utilisez un verre de 5 cm (2 po) de diamètre comme emporte-pièce pour retirer une rondelle de pain au centre de la tranche de pain. Beurrez les deux côtés du pain et faites frire la rondelle et le reste de la tranche 1 minute de chaque côté dans un petit poêlon. Retournez le pain, placez un morceau de beurre au centre et laissez-le grésiller. Déposez le jaune d'œuf dans le trou du pain, salez et poivrez légèrement et faites cuire, à couvert, environ 4 minutes ou jusqu'à ce qu'il soit cuit. Servez avec la rondelle frite placée sur le dessus de l'œuf.

Collations instantanées

Lorsque vous partez vous promener avec votre enfant, c'est une bonne idée de remplir un petit contenant de plastique ou un petit sac de différentes grignotines dans lequel les petits doigts peuvent aller chercher des choses à manger.

Les fruits frais comme les raisins, les satsumas, les bleuets, les bananes, les prunes ou les cerises font une collation idéale pour les enfants. Les fruits séchés prêts à manger sont aussi d'excellentes collations nutritives : mini-boîtes de raisins secs, raisins secs enrobés de yogourt, abricots, rondelles de pomme, mangue, dattes, figues, pruneaux ou croustilles de bananes.

Vous pouvez aussi offrir des collations plus goûteuses comme des minifromages, des tomates cerises, du concombre ou des bâtonnets de carottes.

Vous pouvez aussi offrir à votre enfant ses céréales santé préférées pour le petit déjeuner ou du maïs éclaté, des minigalettes de riz ou des mini-sandwiches au végépâté ou au beurre d'arachides.

Sandwiches

Les sandwiches peuvent prendre toutes sortes de formes et de tailles. Faites des sandwiches en forme d'animaux avec des emporte-pièce. Les sandwiches en spirale (page 186) sont très attrayants.

Les sandwiches grillés sont des repas en soi. Un grille-sandwiches est un excellent investissement car il scelle les sandwiches.

Essayez différents pains : petits pains pita ronds à fourrer de salade ; pain aux raisins ; sandwiches ouverts sur pains ronds ; bagels (excellents pour le bébé qui perce ses dents) ; pain baguette ; roulés de tortilla ; ou même un simple sandwich fait d'une tranche de pain blanc et d'une tranche de pain brun.

La présentation compte pour beaucoup. Un enfant est beaucoup plus enclin à manger quelque chose qu'il trouve appétissant. Parsemez les sandwiches de laitue déchiquetée, ou décorez-les de légumes coupés en dents de scie, ou faites-en des petits trains ou des bateaux. Cela ne prend pas beaucoup de temps et c'est amusant. Je crois que vous constaterez que bien des enfants tendront le bras pour aller chercher vos sandwiches.

Dans les pages suivantes, vous trouverez des suggestions de garnitures pour sandwiches. Votre enfant vous fera bientôt savoir lesquelles il préfère !

Sandwiches en spirale

Retirez les croûtes de deux tranches de pain. Déposez les tranches côte à côte sur une planche, en en superposant les bords légèrement; roulez-les ensuite à l'aide d'un rouleau à pâtisserie pour réunir les deux tranches et les aplatir légèrement pour les rendre plus malléables. Vous pouvez aussi couper les croûtes d'une longue miche de pain rectangulaire à la mie dense et trancher de longue tranches, minces —, ainsi vous n'aurez pas de joints dans vos spirales. Tartinez uniformément de beurre ou de margarine et de la garniture désirée et roulez le pain sur lui-même. Coupez en tranches pour obtenir de petites spirales. C'est une bonne idée de les préparer à l'avance, de les emballer dans de la pellicule plastique et de les réfrigérer — ils seront plus faciles à trancher s'ils sont légèrement refroidis.

Vous pouvez même préparer des sandwiches en spirale de différentes couleurs en roulant une tranche de pain blanc avec une tranche de pain brun (tous deux remplis de garnitures différentes, mais complémentaires).

Tartinade au chocolat et banane

Beurre d'arachides et gelée de framboise

Beurre d'arachides et banane écrasée

Fromage à la crème et jambon

Saumon fumé

Fromage à la crème et ananas broyé
   (ou purée de fruits)

Fromage à la crème, graines de sésame
   grillées, moutarde et cresson

Fromage à la crème et concombre

Fromage à la crème et flocons de maïs
émiettés
Fromage à la crème sur pain aux raisins
et gelée de fraise
Fromage à la crème sur bagel avec
tranches de saumon fumé
Fromage à la crème avec abricots séchés,
hachés
Fromage à la crème et gelée de cassis
Fromage cottage avec avocat et jus de
citron
Fromage et chutney
Fromage et carottes râpées avec
mayonnaise
Ricotta nature et raisins secs
Falafel tranché avec carottes râpées et
raisins secs
Œuf dur, haché avec cresson et
mayonnaise
Œuf en mayonnaise avec un peu de cari
Œuf dur, haché avec sardines pilées
Thon à la mayonnaise avec moutarde et
cresson
Thon ou saumon avec maïs, oignon vert
et mayonnaise
Saumon en conserve, œuf haché et
mayonnaise
Poulet haché, mayonnaise et yogourt
avec un peu de cari et raisins secs
Poulet ou dindon avec chutney
Bacon, laitue, tomate et un peu de
mayonnaise

Sandwiches ouverts

Faites d'abord griller le pain, tartinez-le
de la garniture et passez sous le gril.
Fromage et tomate
Jambon en dés et ananas avec fromage
râpé
Sardines en conserve en sauce tomate

MENUS POUR BAMBINS

	Matin	Midi	Soir
Jour 1	**Müesli suisse aux fruits** Yogourt Fruit	**Hamburgers juteux à la pomme** et légumes **Croustade aux poires, pommes et framboises** et crème glacée	**Spaghettis à la sauce duo de tomates** **Crème au yogourt aux fraises glacée**
Jour 2	Fromage sur pain grillé **Flan aux abricots, pomme et poire**	**Boulettes de poisson à la juive** Fruit	**Blancs de poulet à l'abricot et au chutney à la mangue** avec légumes Fruits pochés
Jour 3	Gruau avec miel ou gelée Purée de pommes *Petit-suisse*	**Poulet mariné sur le gril** avec légumes et frites **Banane en fête**	**Farfalles au fromage suisse et aux tomates cerises** Fruits et crème glacée
Jour 4	Œufs brouillés Céréales Fruit	**Boulettes de poulet et de pomme** **Salade de fruits enneigée**	**Tourte au poisson** **Gelée aux fruits maison**
Jour 5	**Muffins à l'ananas et aux raisins secs** Yogourt Fruit	**Hachis parmentier** avec légumes **Pouding au riz aux fraises**	**Spaghettis primavera** Fruit
Jour 6	Œufs à la coque avec languettes de pain grillé Prunes Yogourt	**Muffins au thon grillés** **Gelée aux fruits maison**	**Farfalles à la sauce tomate et à la mozzarella** Fruit et crème glacée
Jour 7	Céréales Fromage Fruit	**Salade du chef au dindon et au fromage** **Croustade aux poires, pommes et framboises**	**Tagliatelles au thon** **Pêches aux biscuits Amaretti**

Ces tableaux de menus vous illustrent comment prévoir et cuisiner pour toute la famille.

MENUS POUR BAMBINS

	Matin	Midi	Soir
Jour 1	**Müesli suisse aux fruits** Yogourt	**Sauce tomate aux légumes invisibles**	**Hamburgers juteux à la pomme** avec légumes et pommes de terre **Croustade aux poires, pommes et framboises** avec crème glacée
Jour 2	**Crêpes passe-partout Flan aux abricots, pomme et poire**	**Boulettes de poulet et de pomme** avec légumes	**Tourte au poisson** avec légumes **Salade de fruits enneigée**
Jour 3	**Pain doré à l'emporte-pièce** Fèves au four	**Pommes de terre farcies au thon et au maïs** Fruit	**Poulet mariné sur le gril** et **Riz frit multicolore Crème au yogourt aux fraises glacée** ou yogourt et fruits
Jour 4	Œufs brouillés Céréales	**Poulet et nouilles à la thaïlandaise** Salade de fruits	**Pâtes au brocoli Gelée aux fruits maison** et crème glacée
Jour 5	**Muffins à l'ananas et aux raisins secs** Yogourt et miel	**Morue à la sauce au fromage et julienne de légumes**	**Hachis parmentier** avec légumes ou salade Fruits pochés
Jour 6	**Le petit déjeuner des trois ours** Prunes	**Muffins au thon grillés** Fruit	**Mini-steaks minute** avec pommes de terre **Gelée aux fruits maison** et crème glacée
Jour 7	**Œuf brouillé au fromage** et pain grillé Fruit	**Sauté de poulet aux légumes et nouilles** ou **Poulet barbecue** avec légumes **Banane en fête**	**Sole au gratin Ratatouille avec riz ou pâtes**

INDEX

Abricot
  Abricots, pêche ou prune
    séchés, 29
  Abricots séchés avec papaye et
    poire, 88
  Blancs de poulet à l'abricot et au
    chutney à la mangue, 148
  Flan aux abricots, pomme et
    poire, 81
  Purée d'abricots, pomme et
    pêche, 48
  séchés, 29
Agneau, *Voir* Viande
Aiglefin, *Voir* Poisson
Aliments à manger avec les doigts,
  75
Allaitement maternel, 8, 13, 20
Allergies, 8, 13-15, 44
Avocat
  Avocat et banane ou papaye, 36
  purée, 30
  Trempette à l'avocat et aux
    tomates, 182

Banane
  Avocat et banane ou papaye, 36
  Banane en fête, 46
  Banane et bleuets (myrtilles), 46
  Céréales à la banane, 81
  Mousse à la banane et aux
    pruneaux, 82
  Pêche et banane, 31
  Pomme et banane au jus
    d'orange, 31
  purée, 24
  Yogourt à la pêche et à la
    banane, 80
Biologiques (aliments), 46
Biscuits
  Biscuits à la gelée, 178
  Biscuits au chocolat blanc, 176
  Biscuits tout drôles, 172
  Carrés au chocolat, 177
  de dentition, 76
Bleuet (myrtille)
  Banane et bleuets (myrtilles), 46
Bœuf, *Voir* Viande
Brocoli
  Brocoli et chou-fleur, 27
  Pâtes au brocoli, 131
  Pommes de terre, courgettes et
    brocoli, 27
  Tagliatelles au saumon et au
    brocoli, 108
  Trio au brocoli, 28

Cantaloup, *Voir* Melon
Carotte
  Beignets aux carottes et aux
    courgettes, 127
  Bœuf aux carottes, 103
  Carottes et chou-fleur, 28
  Crème de carottes, 26
  Poulet à la purée de pommes de
    terre et de carottes, 100
  purée, 25
  Purée de carottes et pois, 33
  Purée de légumes doux, 52
  Tomates et carottes au basilic, 51
Céréales, 43, 77
  Céréales à la banane, 81

Céréales pour bébés et
  légumes, 34
  Müesli aux fruits d'été, 82
  Müesli suisse aux fruits, 79
  Petit déjeuner des trois ours, 83
  Semoule au lait à la poire, 87
Champignon
  Mini-steaks à l'échalote et
    aux champignons, 105
  Poisson aux champignons, 136
  Veau Stroganoff, 157
Chocolat
  Biscuits au chocolat blanc, 176
  Carrés au chocolat, 177
  fruits enrobés de, 180
Chou
  Chou surprise, 91
Chou-fleur
  Brocoli et chou-fleur, 27
  Carottes et chou-fleur, 28
  Chou-fleur au fromage, 54
  Trio de chou-fleur, poivron rouge
    et maïs, 53
Citrouille
  Poulet à la citrouille et aux
    raisins, 66
Collations, 180-81, 185
Congélation, 17-18
Courge musquée
  Courge musquée et poire, 36
  purée, 26
  Risotto à la courge musquée, 89
Courgette, 27
  Beignets aux carottes et aux
    courgettes, 127
  Étoiles aux tomates et aux
    courgettes, 68
  Gratin de courgettes, 55
  Pommes de terre, courgettes
    et brocoli, 27
  purée, 27
  Purée de cresson, pomme de
    terre et courgette, 35
  Soupe de courgettes et de
    pois, 56
Crêpes
  Crêpes passe-partout, 80
Cresson
  Purée de cresson, pomme
    de terre et courgette, 35

Dindon, *Voir* Volaille

Eau, 9, 13, 23, 43
Épinard
  Filet de plie aux épinards et
    au fromage, 60
  Gratin d'aiglefin en sauce aux
    tomates et aux épinards, 96
  Patate douce, épinards et pois, 52
  Pâtes Popeye, 70
  purée, 30
Équipement, 16
Étouffement, 75

Féculents, 10
Fer, 12, 42
Fibres, 118
Foie, 78 (*Voir aussi* Viande)
Fraise
  Crème au yogourt aux fraises
    glacée, 171
  Pouding au riz aux fraises, 87
  Purée de pêche, pomme et
    fraises, 47

Framboise
  Croustade aux poires, pommes et
    framboises, 167
  Salade de légumes avec vinaigre
    à la framboise, 130
Fromage, 77
  Bretzels au fromage, 179
  Chou-fleur au fromage, 54
  collations, 181
  Délice au fromage et raisins
    secs, 88
  Étoiles à la tomate et au
    fromage, 110
  Farfalles à la sauce tomate et
    à la mozzarella, 162
  Farfalles au fromage suisse et aux
    tomates cerises, 160
  Filet de plie aux épinards et
    au fromage, 60
  Filet de plie sauce au fromage, 59
  Garniture de pommes de terre
    aux légumes et fromage, 124
  Gâteau au fromage à
    l'américaine, 168
  Gratin d'aiglefin en sauce aux
    tomates et aux épinards, 96
  Gratin de courgettes, 55
  Gratin de poisson de grand-
    maman, 139
  Légumes au fromage, 92
  Macaroni au fromage tout
    léger, 160
  Morue à la sauce au fromage
    et julienne de légumes, 137
  Œuf brouillé au fromage, 84
  Poulet au fromage cottage, 63
  Salade du chef au dindon et
    au fromage, 182
  Sauce aux légumes et au
    fromage, 68
  Sole au gratin, 136
Fruits, 15, 21, 44, 74, 75, 119-120
  collations, 180
  Crème de fruits, 25
  enrobés de chocolat, 180
  Fruits pochés, 164
  Gelée aux fruits maison, 49
  Müesli aux fruits d'été 82
  Müesli suisse aux fruits, 79
  Purée aux trois fruits, 25
  Salade de fruits enneigée, 165
  Sucettes aux fruits, 169
  Yogourt et fruits, 48
Fruits séchés, 21, 44, 75, 119
  Abricot, pêche ou prune
    séchés, 29
  Compote de fruits séchés, 32
  Compote de pommes et raisins
    secs, 29
  Délice au fromage et raisins
    secs, 88
  Muffins à l'ananas et aux
    raisins secs, 175
  Pommes au four avec raisins
    secs, 85
  Pouding aux vermicelles
    lokshens, 170

Gâteaux, 120
  Fleurettes aux pommes, 173
  Gâteau au yogourt, 176
  Petits gâteaux aux bonbons, 174
Gelées
  Gelée à l'orange sanguine, 49
  Gelée aux fruits maison, 49

Génétiquement modifiés
  (aliments), 10
Glucides, 10
Gluten, 15
Gras, 10-11

Haricot vert
  Haricots verts à la sauce
    tomate, 92
  Poulet au panais et aux haricots
    verts, 63
  purée, 27

Introduction d'aliments, 18

Lactose, intolérance au, 14
Lait, 8, 9, 20, 42, 43, 44, 73, 118
Légumes, 21-22, 44, 76
  Bouillon de légumes, 33
  Casserole arc-en-ciel, 90
  collations 181
  Garniture de pommes de terre
    aux légumes et fromage, 124
  Légumes au fromage, 92
  Mélange de légumes doux, 34
  Minestrone, 57
  Purée de légumes doux, 52
  Purée de lentilles et de légumes à
    la pomme, 90
  Ratatouille avec riz ou pâtes, 122
  Rissoles aux légumes, 126
  Salade de légumes avec vinaigre
    à la framboise, 130
  Sauce aux légumes et au
    fromage, 68
  Sauce tomate aux légumes
    invisibles, 129
Lentilles
  Lentilles aux légumes, 50
  Purée de lentilles et de légumes à
    la pomme, 90

Maïs
  Casserole arc-en-ciel, 90
  Coquilles au thon et au maïs, 110
  en épi, 92
  Pommes de terre farcies au thon
    et au maïs, 125
  Trio de chou-fleur, poivron rouge
    et maïs, 53
Melon (cantaloup), 28
Minéraux, 12, 73
Morue, *Voir* Poissons
Myrtille, *Voir* Bleuet (myrtilles)

Noix, 15

Obésité, 121
Œuf, 14, 44-45
  Œuf brouillé au fromage, 84
  Œuf haut-de-forme, 184
  Œufs farcis, 184
  Omelette espagnole, 128
  Pain doré à l'emporte-pièce, 84
  Pain matzo doré, 83
Orange
  Filet de poisson à la sauce à
    l'orange, 61
  Gelée à l'orange sanguine, 49
  Patate douce au four à
    l'orange, 70
  Pomme et banane au jus
    d'orange, 31
  Sucettes glacées à la canneberge,
    limonade et orange, 170

INDEX

Pain, 76
    Bretzels au fromage, 179
    Mini-pizza sur pâte
      feuilletée, 132
    Muffins à l'ananas et aux raisins
      secs, 175
    Muffins au thon grillés, 141
    Œuf haut-de-forme, 184
    Pain doré à l'emporte-pièce, 84
    Pain matzo doré, 83
    Pizzas maison, 183
    Sandwiches en spirale, 186
Panais
    purée, 25, 26
    Poulet au panais et aux haricots
      verts, 63
Papaye
    Avocat et banane ou papaye, 36
    Abricots séchés avec papaye et
      poire, 88
    purée, 26
Patate douce
    Bœuf braisé aux patates
      douces, 67
    Filet de morue et patate
      douce, 60
    Patate douce à la cannelle, 37
    Patate douce au four à
      l'orange, 51
    Patate douce, épinards et pois, 52
    Poulet, patate douce et
      pomme, 64
    purée, 26
    Purée de poireau, patate douce
      et pois, 37
    Purée facile de poulet et de
      patate douce, 65
Pâtes alimentaires,
    Coquilles au thon et au maïs, 110
    Étoiles à la tomate et au fromage,
      110
    Étoiles aux tomates et aux
      courgettes, 68
    et sauces, 45, 74, 77, 118-119
    Farfalles à la sauce tomate et à la
      mozzarella, 162
    Farfalles au fromage suisse et aux
      tomates cerises, 160
    Macaroni au fromage tout
      léger, 160
    Pâtes au brocoli, 131
    Pâtes Popeye, 70
    Petites pâtes avec sauce
      bolognaise junior, 69
    Pouding aux vermicelles
      lockshens, 170
    Poulet et nouilles à la
      thaïlandaise, 144
    Ratatouille avec riz ou pâtes, 122
    Salade de pâtes et légumes
      multicolores, 163
    Sauté de poulet aux légumes et
      nouilles, 149
    Soupe de poulet, nouilles et
      légumes, 147
    Spaghettis à la sauce duo de
      tomates, 159
    Spaghettis primavera, 161
    Tagliatelles au saumon et au
      brocoli, 108
    Tagliatelles au thon, 142
    Thon aux pâtes et aux
      tomates, 143
    Voir aussi Sauces

Pêche, 28, 29
    Abricots, pêche ou prune
      séchés, 29
    Délice à la pêche melba, 164
    Pêche et banane, 31
    Pêche et riz, 47
    Pêches aux biscuits Amaretti, 166
    Pêches, pommes et poires, 32
    Pouding au riz et aux pêches, 86
    purée, 28
    Purée d'abricots, pomme et
      pêche, 48
    Purée de pêche, pomme et
      fraises, 47
    Sucettes glacées à la pêche et au
      fruit de la passion, 169
    Yogourt à la pêche et à la
      banane, 80
Pizza
    Mini-pizzas sur pâte
      feuilletée, 132
    Pizzas maison, 183
Plie, *Voir* Poisson
Poire
    Abricots et poires, 29
    Abricots séchés avec papaye et
      poire, 88
    Courge musquée et poire, 36
    Croustade aux poires, pommes et
      framboises, 167
    Flan aux abricots, pomme et
      poire, 81
    Pêches, pommes et poires, 32
    purée, 24
    Semoule au lait à la poire, 87
Poireau
    Purée de poireaux et pommes de
      terre, 55
    Purée de poireau, patate douce et
      pois, 37
Pois
    Casserole arc-en-ciel, 90
    Patate douce, épinards et pois, 52
    purée, 30
    Purée de carottes et pois, 33
    Purée de poireau, patate douce et
      pois, 37
    Soupe de courgettes et de
      pois, 56
Poisson, 45, 74, 78
    Bâtonnets de poisson à
      l'orientale, 138
    Bâtonnets de sole, 94
    Boulettes de poisson à la
      juive, 133
    Coquilles au thon et au maïs, 110
    Filet de morue et patate
      douce, 60
    Filet de plie aux épinards et
      au fromage 60
    Filet de plie aux sauce au fromage, 59
    Filet de poisson à la sauce à
      l'orange, 61
    Filets de sole aux raisins, 95
    Fricadelles de saumon, 134
    Gratin d'aiglefin en sauce aux
      tomates et aux épinards, 96
    Gratin de poisson de grand-
      maman, 139
    Morue à la sauce au fromage et
      julienne de légumes, 137
    Muffins au thon grillés, 141
    Pilaf pour enfants, 140
    Plie aux fines herbes, 93
    Plie avec tomates et pomme de
      terre, 58

Pochette de pita au thon, 141
Poisson aux champignons, 136
Pommes de terre farcies au thon
    et au maïs, 125
Purée de saumon et de pommes
    de terre, 138
Salade de thon, 111
Saumon à la sauce crémeuse à la
    ciboulette, 97
Sole au gratin, 136
Tagliatelles au saumon et au
    brocoli, 108
Tagliatelles au thon, 142
Thon aux pâtes et aux
    tomates, 143
Tourte au poisson, 135
Poivron rouge
    Casserole arc-en-ciel, 90
    purée, 30
    Trio de chou-fleur, poivron rouge
      et maïs, 53
Pomme
    Boulettes de poulet et de
      pomme, 98
    Compote de pomme et raisins
      secs, 29
    Croustade aux poires, pommes et
      framboises, 167
    Flan aux abricots, pomme et
      poire, 81
    Fleurettes aux pommes, 173
    Hamburgers juteux à la
      pomme, 153
    Pêches, pommes et poires, 32
    Pommes au four avec raisins
      secs, 85
    Pomme et banane au jus
      d'orange, 31
    Pommes et cannelle, 24
    Pommes et mûres, 86
    Poulet, patate douce et
      pomme, 64
    purée, 24
    Purée d'abricots, pomme et
      pêche, 48
    Purée de lentilles et de légumes à
      la pomme, 90
    Purée de pêche, pomme et
      fraises, 47
Pomme de terre
    Garniture de pommes de terre
      aux légumes et fromage, 124
    Plie avec tomates et pomme de
      terre, 58
    Pommes de terre, courgettes et
      brocoli, 27
    Pommes de terre farcies, 124
    Pommes de terre farcies au thon
      et au maïs, 125
    Poulet à la purée de pommes de
      terre et de carottes, 100
    Purée de cresson, pomme de
      terre et courgettes, 35
    Purée de légumes doux, 52
    Purée de poireaux et pommes de
      terre, 55
    purée, 26
    Purée de saumon et de pommes
      de terre, 138
Poulet, 74 (*Voir aussi* Volaille)
Préparation des aliments, 16-18
Protéines, 10, 43, 73
Prune
    Abricots, pêche ou prune
      séchés, 29
    purée, 29

Pruneau, 29
    Mousse à la banane et aux
      pruneaux, 82
Raisin
    Délice au fromage et raisins
      secs, 88
    Filets de sole aux raisins, 95
    Muffins à l'ananas et aux raisins
      secs, 175
    Pommes au four avec raisins
      secs, 85
    Poulet à la citrouille et aux
      raisins, 66
Riz, 22
    Pêche et riz, 47
    Pilaf pour enfants, 140
    Pouding au riz aux fraises, 87
    Pouding au riz et aux pêches, 86
    Ratatouille avec riz ou pâtes, 122
    Risotto à la courge musquée, 89
    Risotto à la viande et aux
      légumes, 107
    Riz frit multicolore, 123
Rutabaga, 26
Salades
    Purée de salade de poulet, 64
    Salade de fruits enneigée, 165
    Salade de légumes avec vinaigre
      à la framboise, 130
    Salade de pâtes et légumes
      multicolores, 163
    Salade du chef au dindon et au
      fromage, 182
Sandwiches, 77, 185-187
Sauces
    Sauce à la ciboulette, 97
    Sauce à l'orange, 61
    Sauce au fromage, 59
    Sauce aux champignons et au
      fromage, 142
    Sauce aux légumes et au
      fromage, 68
    Sauce aux tomates et aux
      épinards, 96
    Sauce bolognaise, 109
    Sauce bolognaise junior, 69
    Sauce chinoise, 151
    Sauce crémeuse à la
      ciboulette, 97
    Sauce napolitaine, 70
    Sauce tomate, 154
    Sauce tomate aux légumes
      invisibles, 129
    Sauce tomate et basilic, 69
    Trempette à l'avocat et aux
      tomates, 182
Saumon, *Voir* Poisson
Sevrage, 13, 20-23, 42-45
Sole, *Voir* Poisson
Soupe
    Bouillon de poulet, 62
    Minestrone, 57
    Soupe de courgettes et de
      pois, 56
    Soupe de poulet, nouilles
      et légumes, 147
Stérilisation, 16
Sucettes, 120
    Sucettes aux fruits, 169
    Sucettes glacées à la canneberge,
      limonade et orange, 170
    Sucettes glacées à la pêche et au
      fruit de la passion, 169
Sucres, 10

Suffocation, 75

Textures, 22, 43, 45, 74, 121
Thon, *Voir* Poisson
Tomate
  Étoiles à la tomate et au
    fromage, 110
  Étoiles aux tomates et aux
    courgettes, 68
  Farfalles au fromage suisse et aux
    tomates cerises, 160
  Gratin d'aiglefin en sauce aux
    tomates et aux épinards, 96
  Plie avec tomates et pomme de
    terre, 58
  purée, 30
  Spaghettis à la sauce duo de
    tomates, 159
  Thon aux pâtes et aux
    tomates, 143
  Tomates et carottes au basilic, 51
  Tomates farcies, 126
  Trempette à l'avocat et aux
    tomates, 182
  Voir aussi Sauces
Trempettes, *Voir* Sauces

Veau, *Voir* Viande
Végétarisme, 118
Viande, 45, 74, 77-78, 118
  Bœuf aux carottes, 103
  Bœuf braisé aux patates
    douces, 67
  Boulettes de viande glacées
    à la sauce tomate, 154
  Casserole savoureuse au foie, 104
  Côtelettes d'agneau au
    céleri, 158
  Foie de veau à la lyonnaise, 158
  Hachis parmentier, 155
  Hachis parmentier junior, 106
  Hamburgers juteux à la
    pomme, 158
  Mini-steaks à l'échalote et aux
    champignons, 105
  Mini-steaks minute, 156
  Purée de foie et légumes, 67
  Ragoût de veau, 104
  Risotto à la viande et aux
    légumes, 107
  Sauce bolognaise, 109
  Veau Stroganoff, 157
Vitamines, 10, 11-12, 44

Volaille
  Blancs de poulet à l'abricot et au
    chutney à la mangue, 148
  Bouillon de poulet et ma
    première purée de poulet, 62
  Boulettes de poulet et
    pommes, 98
  Ma première purée de poulet, 62
  Pépites de poulet au sésame
    à la sauce chinoise, 151
  Poulet à la citrouille et
    aux raisins, 66
  Poulet à la purée de pommes
    de terre et de carottes, 100
  Poulet au couscous, 98
  Poulet au fromage cottage, 63
  Poulet au panais et aux haricots
    verts, 63
  Poulet aux flocons de maïs, 100
  Poulet aux légumes d'été, 101
  Poulet « bang bang », 99
  Poulet barbecue, 145
  Poulet en sauce tomate, 65
  Poulet et légumes d'hiver, 102
  Poulet et nouilles à la
    thaïlandaise, 144

Poulet mariné sur le gril, 152
Poulet, patate douce et
  pomme, 64
Purée de salade de poulet, 64
Purée facile de poulet et de
  patate douce, 65
Salade du chef au dindon et au
  fromage, 182
Satés de poulet, 146
Sauté de poulet aux légumes et
  nouilles, 149
Soupe de poulet au curry, 150
Soupe de poulet, nouilles et
  légumes, 147

Yogourt
  Crème au yogourt aux fraises
    glacée, 171
  Gâteau au yogourt, 176
  Yogourt à la pêche et à la
    banane, 80
  Yogourt et fruits, 48

REMERCIEMENTS

Je suis très reconnaissante aux personnes suivantes pour leur aide et les conseils qu'ils m'ont prodigués pendant la rédaction du présent ouvrage.

Dr Stephen Herman FRCP, pédiatre et consultant, Central Middlesex Hospital, Londres, Angleterre.

Margaret Lawson, conférencière principale en alimentation des enfants, Institute of Child Health, University of London, Angleterre.

Professeur Charles Brook, endocrinologue et consultant, Middlesex Hospital, Londres, Angleterre.

Dr Sam Tucker FRCP, pédiatre et consultant, Hillington Hospital, Londres, Angleterre.

Jacky Bernett, diététiste communautaire.

Dr Tim Lobstein, spécialiste de l'alimentation et de la nutrition des enfants au London Food Commission.

Carol Nock SRN FCN, sage-femme.

Kathy Morgan, infirmière.

Ma mère, Evelyn Etkind, pour l'appui constant qu'elle m'a témoigné dans la rédaction de cet ouvrage.

David Karmel, pour la patience dont il a fait preuve à m'enseigner comment me servir d'un ordinateur.

Beryl Lewsey pour son enthousiasme et son travail acharné.

Ros Edwards, Ian Jackson, Susan Fleming, Fiona Eves et Elaine Partington de Eddison Sadd.

Dr Irving Etkind, pour l'aide qu'il m'a fournie en recherche.

Jane Hamilton, ma gardienne, qui a su éviter que mes enfants ne fassent disparaître mon manuscrit de l'ordinateur!

Et, plus que tout, mon mari Simon, mon cobaye principal, pour son appui indéfectible.

L'auteure

Annabel Karmel est une auteure renommée pour ses livres de cuisine à l'intention des enfants. À la suite du décès de son premier enfant emporté par une infection virale rare alors qu'il avait moins de trois mois, Annabel a écrit *Le Grand Livre de bébé gourmand*, devenu un best-seller à l'échelle internationale. Elle a écrit dix autres livres à succès dont *Superfoods For Babies and Children*, *The Complete First Year Planner* et *Favorite Family Recipes*.

Annabel habite à Londres et elle est mère de trois enfants : Nicholas, Lara et Scarlett. En tant que cordon-bleu dûment formé et jeune mère, elle a dû faire face à la difficulté de nourrir de jeunes enfants. Elle a effectué des recherches approfondies de tous les aspects entourant l'alimentation des bébés et des enfants dans le but de clarifier les conseils souvent déroutants et contradictoires que reçoivent les parents sur le sujet. Elle a jumelé les résultats de ses recherches à son expérience personnelle et à ses connaissances de la cuisine et elle les a mis à contribution dans chacune de ses recettes qu'elle a testées auprès d'un groupe de bébés et de bambins.

Annabel apparaît fréquemment à la télévision, et elle écrit régulièrement pour plusieurs magazines et journaux en Grande-Bretagne.

Visitez son site Web, www.annabelkarmel.com, pour obtenir davantage de recettes et de conseils.